Rolf Brüseke

Deutsch
Grammatik leicht A1

Entdecken und üben
Einsprachige Ausgabe

Hueber Verlag

Der Verlag weist ausdrücklich darauf hin, dass im Text enthaltene externe Links vom Verlag nur bis zum Zeitpunkt der Buchveröffentlichung eingesehen werden konnten. Auf spätere Veränderungen hat der Verlag keinerlei Einfluss. Eine Haftung des Verlags ist daher ausgeschlossen.

Das Werk und seine Teile sind urheberrechtlich geschützt. Jede Verwertung in anderen als den gesetzlich zugelassenen Fällen bedarf deshalb der vorherigen schriftlichen Einwilligung des Verlags.

Eingetragene Warenzeichen oder Marken sind Eigentum des jeweiligen Zeichen- bzw. Markeninhabers, auch dann, wenn diese nicht gekennzeichnet sind. Es ist jedoch zu beachten, dass weder das Vorhandensein noch das Fehlen derartiger Kennzeichnungen die Rechtslage hinsichtlich dieser gewerblichen Schutzrechte berührt.

3. 2. 1.	Die letzten Ziffern
2024 23 22 21 20	bezeichnen Zahl und Jahr des Druckes.

Alle Drucke dieser Auflage können, da unverändert, nebeneinander benutzt werden.
1. Auflage
© 2020 Hueber Verlag GmbH & Co. KG, München, Deutschland
Umschlaggestaltung: Sieveking · Agentur für Kommunikation, München
Layout und Satz: Sieveking · Agentur für Kommunikation, München
Verlagsredaktion: Katharina Zurek, Hueber Verlag, München
Druck und Bindung: Firmengruppe APPL, aprinta druck GmbH, Wemding
Printed in Germany
ISBN 978-3-19-051721-3

Inhalt

Vorwort			5
A Verben & mehr			6
1	Ich und du	Personalpronomen im Nominativ, Personen	6
2	Ich bin Laura.	Verbkonjugation *sein*	8
3	Ich heiße Emma.	Verbkonjugation: regelmäßige Verben	10
4	Ich habe einen Traum.	Verbkonjugation *haben*	12
5	Sie isst gerne Pizza.	Verbkonjugation: Verben mit Vokalwechsel	14
6	Geh! Geht! Gehen Sie!	Imperativ	16
7	Ich stehe um sieben Uhr auf.	Trennbare Verben	18
8	Ich habe Deutsch gelernt.	Perfekt 1: regelmäßige Verben mit *haben*	20
9	Wir haben Pommes frites gegessen.	Perfekt 2: unregelmäßige Verben mit *haben*	22
10	Wir sind Fahrrad gefahren.	Perfekt 3: Verben mit *sein*	24
11	Ihr könnt unsere Parkplätze benutzen.	Modalverb *können*	26
12	Muss ich mehr arbeiten?	Modalverb *müssen*	28
13	Was willst du werden?	Modalverben *wollen / möchten*	30
14	Wir dürfen viel sprechen.	Modalverb *dürfen*	32
15	Was soll ich denn tun?	Modalverb *sollen*	34
B Nomen & mehr			36
16	Der Film	Genus: maskulin, neutral, feminin	36
17	Äpfel und Birnen	Singular und Plural	38
18	Die Küche kostet nicht viel.	Nominativ	40
19	Ich bestelle einen Salat.	Akkusativ	42
20	Ich nehme den Computer.	Verben mit Ergänzung: Akkusativ	44
21	Die Boutique gehört einem Freund.	Dativ	46
22	Die Pizza schmeckt der Frau.	Verben mit Ergänzung: Dativ	48
C Pronomen			50
23	Er ist viel zu klein.	Personalpronomen im Nominativ	50
24	Ich liebe dich.	Personalpronomen im Akkusativ	52
25	Gefällt mir.	Personalpronomen im Dativ	54
26	Nichts geht mehr!	Indefinitpronomen	56
D Artikelwörter			58
27	Die Studentin kommt aus Nigeria.	Definiter und indefiniter Artikel	58
28	Nein, das ist auch kein Baum.	Indefiniter Artikel und Negativartikel	60
29	Ich habe immer Orangensaft im Kühlschrank.	Nullartikel	62
30	Meine Familie, deine Familie	Possessivartikel 1	64
31	Sein Haus, ihr Haus	Possessivartikel 2	66
32	Unser Pool, euer Apartment	Possessivartikel 3	68
33	Dein Team, Ihr Team	Possessivartikel 4	70

E Präpositionen — 72

34	Ich komme aus Berlin.	Lokale Präpositionen: *in, aus, nach*	72
35	Ich wohne auf dem Land.	Lokale Präpositionen: *auf, in* + Dativ	74
36	Wir gehen ins Kino.	Lokale Präposition: *in* + Akkusativ	76
37	Sie ist beim Training.	Lokale Präpositionen: *bei, zu* + Dativ	78
38	Ich komme um 20 Uhr.	Temporale Präpositionen: *um, an, in* + Dativ	80
39	Vor dem Spiel.	Temporale Präpositionen: *vor, nach* + Dativ	82
40	Ich fahre mit dem Bus.	Modale Präposition: *mit* + Dativ	84

F Satz — 86

41	Wie heißt du?	W-Fragen	86
42	Ist die Wohnung noch frei?	Ja-/Nein-Fragen	88
43	Morgen fahre ich nach Paris.	Verb auf Position 2	90
44	Ich will jetzt Deutsch lernen.	Satzklammer	92
45	Ich komme nicht.	Negation mit *nicht*	94
46	Die Sonne scheint und es ist warm.	Konnektoren *und, oder, aber, denn*	96

Lösungen — 98

Grammatikübersicht — 110

Register — 117

Quellenverzeichnis — 119

Vorwort

Grammatik leicht A1 wendet sich an Lernende auf Niveaustufe A1 und deckt alle Themen ab, die das aktuelle *Goethe Zertifikat A1: Start Deutsch 1* verlangt.

Grammatik leicht A1 ist ein Nachschlage- und Übungsbuch für Lernende im In- und Ausland. Das Buch eignet sich für Selbstlerner, es enthält einen kompletten Lösungsschlüssel im Anhang. Es kann aber auch sehr gut für die Arbeit in Deutschkursen verwendet werden.

Grammatik leicht A1 ist ausgesprochen einfach, klar und präzise: Die Grammatiktabellen sind übersichtlich und einprägsam und die Regeln sind in einer sehr leichten und gut verständlichen Sprache gehalten. Der in den Übungen verwendete Wortschatz entspricht dem Grundwortschatz, sodass die Lernenden die Wörter kennen und sich ganz auf das Üben der Grammatik konzentrieren können.

Das Übungsbuch besteht aus 6 Kapiteln und deckt 46 Grammatikthemen ab. Jedes Thema wird auf einer Doppelseite präsentiert. Die Doppelseite ist wiederum unterteilt in

- *Entdecken* = kurzer einprägsamer Text + Grammatiktabelle + kurze Erläuterungen
- *Üben* = Übungen zu jedem Aspekt der dargestellten Grammatik.

Wir wünschen Ihnen viel Spaß beim Deutschlernen mit *Grammatik leicht A1*!

Autor und Verlag

1 Ich und du

Personalpronomen im Nominativ, Personen

ENTDECKEN

A Ergänzen Sie *ich* und *wir*.

B Lesen Sie A noch einmal und ergänzen Sie.

	Singular				Plural		
1. Person		ich				wir	
2. Person		du		Sie		ihr		Sie
3. Person		er		es		sie		sie

C Personalpronomen. Lesen Sie.

- *ich, du, wir* sind Personalpronomen.
- Personalpronomen stehen für Menschen.

ÜBEN

1 Ergänzen Sie.

wir ~~ihr~~ du er ~~ich~~ sie es Sie sie

 ich
 ihr
 ____
 ____
 ____

 ____
 ____
 ____
 ____

2 Singular oder Plural? Ordnen Sie die Personalpronomen aus 1 zu.

Singular	Plural
Ich, , , ,	, ,

3 *ich* oder *wir*? Was ist richtig? Unterstreichen Sie.

1 Hallo, *ich* / *wir* bin Emma. – Hallo, Emma.
2 Und das ist Rob, mein Freund. *Ich* / *Wir* kommen aus Boston. – Hi, Rob.
3 *Ich* / *Wir* sind seit zwei Monaten in Wien. Und du? – *Ich* / *Wir* bin seit einem Jahr hier.

4 *er*, *es* oder *sie*? Ergänzen Sie.

1 Ist das Kind wieder gesund? – Nein, *es* ist noch krank.
2 Woher kommt der Chef? – _____ kommt aus der Schweiz.
3 Die Deutschlehrerin finde ich gut. – Ja, _____ ist wirklich sehr nett.

5 *Sie* oder *du*? Was ist richtig? Unterstreichen Sie.

1 Guten Tag. Sind *du* / *Sie* Frau Ludwig? – Guten Tag. Nein, mein Name ist Becker.
2 Entschuldigung. Und wer sind *du* / *Sie*? – Ich heiße Klein, Sarah Klein.
3 Hallo, und *du* / *Sie* bist …? – Hallo! Ich bin Kim.
4 Arbeitest *du* / *Sie* auch hier? – Ja, ich bin Praktikantin.

6 Ergänzen Sie.

~~ihr~~ du du ihr du du

1 Hallo, wer seid *ihr* denn? – Hallo, ich bin Paola, und das ist Juan. Und wer bist _____?
2 Ich heiße Nina. Und woher kommt _____? – Aus Kuba. Und _____? Woher kommst _____?
3 Aus der Schweiz. _____ sprichst aber gut Deutsch, Paola. – Danke.

7 Singular oder Plural? Kreuzen Sie an.

1 Wie heißt sie denn? – Maria. ☒ ○
2 Und woher kommt sie? – Aus Chile. ○ ○
3 Sind Cathy und Paul auch im Kurs? – Ja, sie lernen Deutsch. ○ ○

8 Schreiben Sie zwei Sätze über Ihren besten Freund / Ihre beste Freundin.

Mein Freund ist groß. Er _____

2 Ich bin Laura.
Verbkonjugation *sein*

ENTDECKEN

A Lesen Sie Lauras Blog und unterstreichen Sie *bin, bist* und *ist*.

www.berlin-now.de

Nur eine Frage – Wer bist du?
Hallo, ich bin Laura. Ich bin 22 Jahre alt.
Verheiratet bin ich nicht. Aber ich bin glücklich.
Mein Freund heißt Tim. Er ist IT-Ingenieur.
Er ist aus Berlin.

B Lesen Sie A noch einmal und ergänzen Sie.

	sein
ich	bin
du	bist
er / es / sie	ist
wir	sind
ihr	seid
sie / Sie	sind

C Präsens von *sein*. Lesen Sie.

Mit *sein* spricht man über Alter, Wohnort, …
- Wie alt?   Ich bin 22 Jahre alt.
- Wie?   Ich bin glücklich.
- Woher?   Er ist aus Berlin.

ÜBEN

1 *bin* oder *bist*? Ergänzen Sie.

1 Bist du in Berlin? – Nein, ich bin in Zürich.
2 Ich bin verheiratet. – Und? Bist du glücklich?
3 Wo bist du denn? – Ich bin doch hier.
4 Ich bin richtig müde. – Hast du viel gearbeitet?

2 Ordnen Sie zu.

1 _C_ Wir sind ein Team.
2 ___ Ich bin aus Berlin.
3 ___ Ich bin Studentin.
4 ___ Bist du Lisa?
5 ___ Ich bin glücklich.
6 ___ Sind Sie Herr Simon?

 A
 B
 C
 D
 E
 F

3 Emmas Familie. Was ist richtig? Unterstreichen Sie.

◆ Das ist mein Vater. Er (1) <u>ist</u>/sind erst 58. Und hier ist meine Mutter. Sie (2) <u>ist</u>/sind hübsch, oder?
○ Ja, sehr. Und die da? Wer (3) <u>ist</u>/sind denn die?
◆ Das (4) ist/<u>sind</u> meine Geschwister. Und meine Großeltern (5) ist/<u>sind</u> hier.
○ Wow, so eine große Familie!

4 Ergänzen Sie.

seid wir sind ihr seid wir sind ~~sind~~

1 Julian und ich, wir _sind_ glücklich.
2 Sarah und du, ihr _seid_ reich.
3 Ich und meine Familie, _wir sind_ in Köln.
4 Du und dein Freund, _ihr seid_ am Wochenende in Berlin.
5 Meine Frau und ich, _wir sind_ noch jung.

5 Sortieren Sie die Buchstaben und ergänzen Sie.

Mike: Hallo, hallo! Das hier (1) _bin_ (nib) ich ... Halt! Nein! Das (2) _____ (isnd) wir, meine Freundin Laura und ich. Laura (3) _____ (sit) aus Köln, ich komme aus Berlin. Laura (4) _____ (sti) 22 Jahre alt. Sie (5) _____ (tis) Studentin. Ich arbeite. Ich (6) _____ (ibn) IT-Ingenieur. Wir gehen gerne ins Kino. Titanic (7) _____ (its) unser Lieblingsfilm.

6 Schreiben Sie einen Text über sich.

Name? Beruf? Verheiratet? Alter? Lieblingsfarben? Hobby?
Mein Name ist Mia.

3 Ich heiße Emma.
Verbkonjugation: regelmäßige Verben

ENTDECKEN

A Lesen Sie Emmas Blog. Schreiben Sie die unterstrichenen Verben. Ergänzen Sie die Infinitive.

> www.meindeutschkurs.blogspot.de
>
> Hi, ich heiße Emma. Und das ist mein Deutschkurs. Wir lieben Deutsch, und wir lieben Selfies. Das ist Eliana. Sie kommt aus Brasilien. Und das sind Satoshi und Juji. Sie kommen aus Japan und arbeiten bei Fujitsu hier in Berlin. Und wow! Das sind Maria, Michele und Cathy. Maria kommt aus Spanien, Michele aus Italien und Cathy aus England. Maria macht ein Praktikum, Michele studiert und Cathy arbeitet als Lehrerin an der Berlin Cosmopolitan School. Wir wohnen alle in Berlin.

heiße – heißen,

B Lesen Sie A noch einmal und ergänzen Sie.

	kommen	machen
ich	komme	mache
du	kommst	machst
er / es / sie	kommt	macht
wir	kommen	machen
ihr	kommt	macht
sie / Sie	kommen	machen

	heißen	arbeiten
ich	heiße	arbeite
du	!heißt	!arbeitest
er / es / sie	heißt	!arbeitet
wir	heißen	arbeiten
ihr	heißt	!arbeitet
sie / Sie	heißen	arbeiten

C Regelmäßige Verben. Lesen Sie.

- *kommen, machen, lieben, studieren, wohnen* …. sind regelmäßige Verben.
- Achtung! *heißen:* du heißt / *arbeiten:* du arbeitest, er arbeitet.

ÜBEN

1 Ergänzen Sie und markieren Sie die Endungen.

	wohnen	lieben	studieren
ich	wohne	liebe	studiere
du	wohnst	liebst	studierst
er / es / sie	wohnt	liebt	studiert
wir	wohnen	lieben	studieren
ihr	wohnt	liebt	studiert
sie / Sie	wohnen	lieben	studieren

2 e, (e)st er t? Ergänzen Sie.

1 Woher komm_st_ du? – Ich komm___ aus Italien.
2 Wo wohn___ du? – Ich wohn___ in Berlin.
3 Was mach___ du beruflich? – Ich arbeit___ als Krankenschwester.
4 Hi. Ich heiß___ Valentina. Und wie heiß___ du? – Ich heiß___ Christian.
5 Arbeit___ du bei Siemens? – Nein, ich arbeit___ bei Daimler.

3 Stephie und Robert. Ergänzen Sie die richtige Form.

1 Was (1) _macht_ (machen) Stephie denn beruflich? – Sie (2) _____ (studieren) und sie (3) _____ (arbeiten) als Kellnerin.
2 Ah! Und wo (4) _____ (wohnen) sie? – Sie (5) _____ (wohnen) in Berlin, in Kreuzberg.
3 Und ihr Freund? Was (6) _____ (machen) er? – Robert? Er (7) _____ (arbeiten) schon. Er ist IT-Ingenieur bei Siemens.

4 Was ist richtig? Kreuzen Sie an.

Wir	○ macht	⊗ machen	Pause.
Carla und David	○ liebt	○ lieben	Italien.
Ihr	○ wohnt	○ wohnen	in Wien.
Martha und ich	○ arbeitet	○ arbeiten	am Wochenende.
Ihr	○ kommt	○ kommen	bitte in den Deutschkurs!

5 Was ist richtig? Unterstreichen Sie.

1 Herr Müller, woher _kommst / kommen_ Sie?
2 _Kommst / Kommen_ du auch aus Berlin?
3 Entschuldigung, wie _heißt / heißen_ Sie?
4 Sag mal, wie _heißt / heißen_ du denn?
5 _Arbeitest / Arbeiten_ Sie auch bei Siemens?
6 Wo _arbeitest / arbeiten_ du?

6 Lesen Sie die Nachricht und ergänzen Sie die Verben in der richtigen Form.

arbeiten gehen ~~sein~~ machen sein
wohnen heißen machen lernen

Hallo Stephanie, ich (1) _bin_ jetzt in Wien. Mein Bruder (2) _____ auch hier. Ich (3) _____ ein Praktikum und (4) _____ Deutsch. Wien (5) _____ richtig cool! Ich habe auch schon einen Freund. Er (6) _____ Johann und wir (7) _____ zusammen ins Fitness-Studio. Und wie geht's dir? Was (8) _____ deine Familie? (9) _____ du immer noch so viel?
Bis bald, Dein Rod

7 Schreiben Sie einen Blog über Leute aus Ihrem Deutschkurs, über Ihre Nachbarn, ... Schreiben Sie über zwei Personen: Woher kommen sie? Wo arbeiten sie? Wo wohnen sie?

Hallo, das ist mein Deutschkurs:

4 Ich habe einen Traum.

Verbkonjugation *haben*

ENTDECKEN

A Lesen Sie und unterstreichen Sie *habe*, *hat* und *haben*.

Träume

Ich habe einen Garten.
Ich habe ein Haus.   Ich habe einen Traum.

Sie hat einen Job.
Sie hat einen Freund.   Sie hat einen Traum.

Wir haben Kinder.
Wir haben Glück.   Wir haben einen Traum.

©Disney

B Lesen Sie A noch einmal und ergänzen Sie die Tabelle.

C Präsens von *haben*. Lesen Sie.

Mit *haben* spricht man über Besitz:
Ich habe einen Garten. = Das ist mein Garten.

	haben
ich	
du	ha**st**
er / es / sie	
wir	
ihr	hab**t**
sie / Sie	hab**en**

ÜBEN

1 Vergleichen Sie Deutsch und Englisch und übersetzen Sie.

Deutsch	Englisch	Meine Sprache
Ich habe einen Job.	I have a job.	
Ich habe Hunger.	I am hungry.	

2 *habe* oder *hast*? Was ist richtig? Unterstreichen Sie.

1 Möchtest du etwas trinken? – Ja, ich *habe* / *hast* Durst.
2 *Habe* / *Hast* du Hunger? – Ja, ich möchte Pizza essen.
3 *Habe* / *Hast* du morgen Zeit? – Nein, leider nicht.
4 Was *habe* / *hast* du denn? – Ich *habe* / *hast* Angst.
5 Was machst du, Annika? – Ich bin Studentin. Und ich *habe* / *hast* einen Job als Kellnerin.

3 Emilys Familie. Ergänzen Sie die richtige Form von *haben*.

1 Meine kleine Schwester heißt Lisa. Sie *hat* schon einen Freund und einen super Job.
2 Mein Bruder, Christian, wohnt in Berlin. Er wohnt allein. Er _____ eine schöne Wohnung.
3 Meine große Schwester heißt Tina. Sie ist mit Michele verheiratet. Tina und Michele leben in Wien. Und Tina _____ ein Kind.
4 Meine Großeltern wohnen auf dem Land. Sie _____ eine Katze und ein Pony.
5 Meine Freundin sagt immer: „Ihr _____ Glück. Ihr _____ so eine große Familie!"
6 Das stimmt. Wir _____ wirklich Glück.

4 Formell oder informell? Ergänzen Sie die richtige Form von *haben*.

1 _Haben_ Sie denn keinen Job? – Doch, aber ich arbeite nachts.
2 Wir kaufen das Auto. – Wirklich? _____ du denn das Geld?
3 Hurra, ich habe den Job. – Toll! Du _____ wirklich Glück.
4 Entschuldigung, wann _____ Sie Pause? – In fünf Minuten.

5 In jedem Dialog gibt es einen Fehler. Korrigieren Sie.

1 ~~Habt~~ Sie noch Salat? – Ja, im Kühlschrank.   _Haben_
2 Und Carla und Tom? Habt sie denn Zeit? – Nein, leider nicht. _____
3 Wo ist Emma? – Sie holt Pizza. Sie hast Hunger. _____
4 Habt Sie eine Mobilnummer? – Ja, klar. _____

6 Lesen Sie die Nachricht und ergänzen Sie die richtige Form von *haben*.

Hi Michele, wir sind jetzt in Berlin. Und wir (1) _haben_ wirklich Glück. Das Wetter ist super! Wir schlafen bei Eric. Er (2) _____ eine tolle Wohnung in Kreuzberg. Und er (3) _____ eine Katze.
Erics Freundin heißt Nina. Sie ist aus Berlin und (4) _____ viele Freunde hier. Sie (5) _____ auch ein Auto und zeigt uns Berlin. So, jetzt (6) _____ ich keine Zeit mehr. Bis bald! Sarah

7 Was ist richtig? Unterstreichen Sie.

1 *Hat* / *Haben* Sie ein Handy? – Ja. Möchten Sie die Nummer?
2 Tina und Carl *haben* / *hast* Angst. – Wirklich? Aber warum?
3 Er *habe* / *hat* ein Haus und einen Garten. – Ich nicht.
4 Ich *habe* / *haben* Durst. – Möchtest du ein Glas Wasser?
5 Eva *hast* / *hat* Hunger. – Komm, wir gehen zu Giovanni und essen Pizza.
6 Wir *hat* / *haben* dreißig Grad. – Wirklich! Kannst du da schlafen?
7 Kommt ihr mit? *Habt* / *Hast* ihr Zeit? – Nein, leider nicht.

8 Was macht Sie glücklich? Nennen Sie 3 Dinge und schreiben Sie Sätze mit *haben*.

Ich habe Kinder.

5 Sie isst gerne Pizza.
Verbkonjugation: Verben mit Vokalwechsel

ENTDECKEN

A Leonardo und Eliana. Unterstreichen Sie die Vokale in den Verben in Grün.

life/blog/happy

Hallo, ich bin Leonardo. Und das ist meine Schwester Eliana. Sie studiert und spricht drei Sprachen: Spanisch, Englisch und Französisch. Sie liest gerne, trifft Freunde und fährt Longboard. Und sie isst gerne Pizza. Oft lädt sie auch Freunde ein und kocht.

B Lesen Sie A noch einmal und ergänzen Sie.

	sprechen e → i	lesen e → ie	fahren a → ä	einladen a → ä
ich	spreche	lese	fahre	lade ein
du	sprichst	liest	fährst	lädst ein
er / es / sie				
wir	sprechen	lesen	fahren	laden ein
ihr	sprecht	lest	fahrt	ladet ein
sie / Sie	sprechen	lesen	fahren	laden ein

C Verben mit Vokalwechsel. Lesen Sie.

- Bei *sprechen, lesen, fahren, einladen, ...* wechseln die Vokale in den Verben nach *du* und *er / es / sie*.
- Weitere Verben mit Vokalwechsel: *essen* (e → i), *geben* (e → i), *treffen* (e → i), *sehen* (e → ie), *schlafen* (a → ä) und *fernsehen* (e → ie).

ÜBEN

1 Ergänzen Sie die Infinitive.

er isst → *essen*   ihr sprecht → _____   er trifft → _____   sie sieht fern → _____

2 Markieren Sie die Verben und ergänzen Sie die Tabelle.

(SEHTFERN)LÄDTEINFAHRTLIESTFÄHRSTTRIFFTESSTLESENSIEHTFERNTREFFTLÄDSTEINISST

	treffen	essen	lesen	fahren	einladen	fernsehen
ich	treffe	esse	lese	fahre	lade ein	sehe fern
du	triffst					siehst fern
er / es / sie		isst	liest	fährt		
wir	treffen	essen	lesen	fahren	laden ein	sehen fern
ihr			lest		ladet ein	*seht fern*
sie / Sie	treffen	essen		fahren	laden ein	sehen fern

3 Lisa und ich. Ergänzen Sie die Verben in der richtigen Form.

1 Ich spreche Deutsch. Lisa *spricht* Englisch.
2 Ich treffe Ben. Sie _____ David.
3 Ich lese Goethe. Sie _____ Shakespeare.
4 Ich fahre Fahrrad. Sie _____ Auto.
5 Ich lade meine Familie ein. Sie _____ ihre Freunde _____.

4 Die *kursiv* gedruckten Verben sind falsch. Korrigieren Sie.

1 Was macht ihr heute? – Wir *trifft* Christine.   *treffen*
2 *Trifft* ihr auch Manu? – Ja, klar. Manu kommt auch.   _____
3 Welche Sprachen *sprechst* du? – Englisch und Deutsch.   _____
4 Und zu Hause? Was *spricht* ihr da? – Immer Italienisch.   _____
5 *Esst* du gerne Pizza? – Nein, lieber Hamburger.   _____

5 Ergänzen Sie.

Ladet … ein   Fährst   Lädt … ein   Lädst … ein   ~~fährt~~

1 Mein Bruder spielt Tennis und er *fährt* gerne Ski. – Ja, und du? _____ du auch Ski?
2 _____ du oft Freunde _____? – Ja, am Wochenende.
3 Sie hat Geburtstag. – Und? _____ sie ihre Familie _____?
4 _____ ihr auch deine Mutter _____? – Ja, sicher.

6 Lesen Sie die Nachrichten und ergänzen Sie die Verben in der richtigen Form.

Hallo, wir (1) *fahren* (fahren) jetzt in die Stadt.
Jo und ich nehmen den Bus.
Tim (2) _____ (fahren) mit dem Auto.
Wir gehen ins Parkcafé und (3) _____ (treffen) Carla. Kommt ihr auch? Liebe Grüße

Hi, ja, klar. So um elf. Paula arbeitet noch und ich (4) _____ (lesen).
Liebe Grüße

7 Maria und Sara. Ergänzen Sie die Verben.

neuinberlin/blogpost.de

Hi, ich heiße Maria. Und meine Freundin heißt Sara. Sie kommt aus Madrid und ist neu in Berlin. Sie studiert und (1) _____ zwei Sprachen, Spanisch und Englisch. Sara (2) _____ gerne Krimis, sie feiert gerne und (3) _____ gerne Freunde ein. Und sie (4) _____ Ski. Sie trinkt gerne Wein und sie (5) _____ am liebsten Hamburger.

8 Schreiben Sie einen Text wie in 7 über einen Freund, Ihre Eltern, …

Das ist _____

6 Geh! Geht! Gehen Sie!
Imperativ

ENTDECKEN

A Ordnen Sie zu.

1 ___ Steht langsam auf! Atmet ein! Dann atmet aus!

2 ___ Mach bitte deine Hausaufgaben! Lern bitte deine Vokabeln! Lies bitte den Text! Und geh bitte in dein Zimmer!

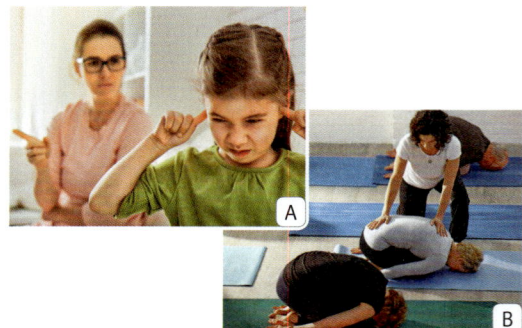

B Ergänzen Sie die Infinitive.

(du) 1 Person, informell	Geh!	Lies!	Steh auf!
(ihr) 2 oder mehr Personen, informell	Geht!	Lest!	Steht auf!
(Sie) 1 Person oder 2 oder mehr Personen, formell oder	Gehen Sie!	Lesen Sie!	Stehen Sie auf!

C Imperativ. Lesen Sie.

- Man benutzt den Imperativ für Tipps und Befehle. *bitte* macht den Imperativ höflicher.
- So bildet man den Imperativ:

  informell   ~~Du~~ kauf~~st~~ ein.   → Kauf ein!   ~~Du~~ isst.   → Iss!

  informell   ~~Ihr~~ kauft ein.   → Kauft ein!   ~~Ihr~~ esst.   → Esst!

  formell oder   Sie kaufen ein.   → Kaufen Sie ein!   Sie essen.   → Essen Sie!

ÜBEN

1 Im Deutschkurs. Schreiben Sie Imperative mit *bitte*.

~~lernen~~   buchstabieren   schreiben

du	Lern bitte!
ihr	Lernt bitte!
Sie	Lernen Sie bitte!

2 Schreiben Sie Imperative mit *bitte*.

1 D̶u̶ liest. *Lies bitte!*   3 D̶u̶ isst. _____   5 D̶u̶ sprichst. _____
2 D̶u̶ siehst. _____   4 D̶u̶ hilfst. _____

3 Ergänzen Sie.

du	Steh bitte auf!	Kauf bitte ein!	Ruf bitte an!	Fang bitte an!
ihr	*Steht bitte auf!*			
Sie	*Stehen Sie bitte auf!*			

4 Pauls und Emmas Mutter schreibt Nachrichten. Was sollen sie tun? Ergänzen Sie.

Paul:
(1) *Mach* (machen) bitte deine Hausaufgaben!
(2) _____ (reparieren) bitte dein Fahrrad!
Und (3) _____ (waschen) bitte deine Hände!
Bis später, Mama

Paul und Emma:
(4) _____ bitte die Fenster _____ (zumachen)!
(5) _____ (trinken) bitte den Orangensaft!
(6) _____ (essen) bitte keine Schokolade!
(7) _____ (lernen) bitte die Vokabeln!
Bis später, Mama

Emma:
(8) _____ bitte deine Oma _____ (anrufen)!
(9) _____ (helfen) bitte deiner Freundin beim Englischtest!
(10) _____ bitte Milch und Butter! (kaufen)
Bis später, Mama

5 Meint die Lehrerin eine oder mehrere Personen? Kreuzen Sie an.

1 Lies bitte auf Seite 22. – Ja, klar.   ☒ ○
2 Fangt schon an! Ich komme gleich. – Okay. Machen wir.   ○ ○
3 Arbeitet in Gruppen! – Zu dritt oder zu viert?   ○ ○
4 Sprich bitte lauter! – Das kann ich aber nicht.   ○ ○
5 Bitte buchstabier das mal! – A-P-F-E-L.   ○ ○

6 Schreiben Sie Imperative mit *bitte*.

1 (an die Tafel gehen)   Christian, *geh bitte an die Tafel!*
2 (die Aufgabe zusammen machen)   Jakob und Nina, _____
3 (das Wort buchstabieren)   Wie schreibt man das? Peter, _____
4 (lauter sprechen)   Ich versteh dich nicht. _____
5 (anfangen)   Hallo, David und Fabiana. Ich komme gleich. _____

7 Was sagt Ihre Lehrerin / Ihr Lehrer immer wieder? Schreiben Sie 3 Sätze im Imperativ.

Lest bitte den Text!

7 Ich stehe um sieben Uhr auf.
Trennbare Verben

ENTDECKEN

A Lesen Sie über Emmas Tag. Ordnen Sie zu und ergänzen Sie die Infinitive.

_____   _____   _____   _aufstehen_

07:00 Sie steht früh auf. 17:00 Sie ruft Ben an.
11:00 Sie kauft Lebensmittel ein. 20:00 Sie sieht fern.

B Lesen Sie A noch einmal und ergänzen Sie.

	2			Ende
Sie	steht		früh	auf.
Sie	kauft		Lebensmittel	....
Sie	ruft		Ben	....
Wo	kaufst	du	oft	ein?
	Siehst	du		fern?
	Mach		bitte das Licht	aus!

C Trennbare Verben. Lesen Sie.

- *aufstehen, einkaufen, …* sind trennbare Verben. *auf, ein, …* trennen sich vom Verb und gehen ans Satzende.
- Wichtige trennbare Verben sind:

an│rufen	ein│kaufen	an│machen	ein│steigen
auf│räumen	ein│schlafen	↔	↔
auf│stehen	fern│sehen	aus│machen	aus│steigen

ÜBEN

1 Unterstreichen Sie die trennbaren Verben.

1 Wann stehst du morgens auf? – Um sechs.
2 Wo steigen wir aus? – Am Potsdamer Platz.
3 Emma, mach bitte das Licht aus! – Ja, klar.

2 Unterstreichen Sie die trennbaren Verben und ergänzen Sie die Infinitive im Kreuzworträtsel.

👉 3 Ich <u>stehe</u> um sieben Uhr <u>auf</u>.
4 Dann rufe ich Paul an.
5 Um elf Uhr mache ich das Licht aus.
6 Ich kaufe um zwei Uhr im Supermarkt ein.

👈 1 Um zehn Uhr räume ich die Wohnung auf.
2 Abends sehe ich fern.

3 A U F S T E H E N

3 Ergänzen Sie die Tabelle mit den Sätzen aus 2.

	2			Ende
Ich	stehe		um sieben Uhr	auf.
Dann	rufe	ich	Paul	an.

4 Wer macht was? Ergänzen Sie.
1 Emma / halb zehn / auf|stehen — *Emma steht um halb zehn auf.*
2 Fabio / abends / ein|kaufen
3 am Alexanderplatz / Anna / aus|steigen
4 Martha / nachmittags / fern|sehen

5 Schreiben Sie Fragen.
1 wann / auf|stehen / du — *Wann stehst du auf?*
2 beim Frühstück / fern|sehen / du
3 aus|steigen / du / immer am Potsdamer Platz
4 wann / deine Mutter / an|rufen

6 Das sagen meine Eltern. Ergänzen Sie den Imperativ in der richtigen Form.
1 auf|stehen *Steh* bitte *auf*! 3 auf|räumen .... doch bitte .... !
2 aus|machen .... bitte das Licht .... ! 4 ein|steigen .... bitte .... !

7 Ein typischer Tag. Schreiben Sie über sich.

~~aufstehen~~ aufräumen anrufen einkaufen fernsehen ausmachen einschlafen

Ich stehe um 7 Uhr auf.

8 Ich habe Deutsch gelernt.

Perfekt 1: regelmäßige Verben mit *haben*

ENTDECKEN

A Ein Jobinterview. Welche Verben beziehen sich auf die Vergangenheit? Unterstreichen Sie.

Kommen Sie aus Wien?
    Ja, aber ich wohne in Berlin. In Wien <u>habe</u> ich die Schule <u>besucht</u>.
Haben Sie einen Beruf gelernt?
    Nein, ich studiere noch.
Ah, okay. Ist denn Ihr Englisch gut?
    Ja, sehr gut. Ich habe ein Jahr in England gelebt und studiert.

B Lesen Sie A noch einmal und ergänzen Sie.

	2			Ende
Ich	habe		in England	....
	Haben	Sie	einen Beruf	.... ?
Sie	hat		das Gymnasium	besucht.
Er	hat		in Berlin	studiert.

Infinitiv	→ Partizip Perfekt	
lernen	→ gelern**t**	ge- ...**t**
studieren	→ studier**t**	...**t**

C Perfekt mit *haben*. Lesen Sie und ergänzen Sie.

- Mit dem Perfekt spricht man über die Vergangenheit: *gestern, letztes Jahr, vor einer Stunde, …*
- Das Perfekt besteht aus .... und dem Partizip Perfekt.
- Das Partizip Perfekt bildet man aus (*ge* +) Verbstamm + *t*. Es steht am Satzende.

ÜBEN

1 Lesen Sie das Gedicht. Unterstreichen Sie *ge* und *(e)t* bei den Partizipien.

Dialog – Spaß gehabt
Was hast du denn <u>ge</u>mach<u>t</u> heute Nacht?
Gefeiert! Getanzt! Gelacht!
Gelernt? Gearbeitet?
Nein! Nein! Getanzt, gelacht und Spaß gehabt!
Oh! Spaß gehabt!

2 Ergänzen Sie die Partizipien.

ge- ...t				...t	
lernen	*gelernt*	kochen		reparieren	*repariert*
fehlen		schneien		trainieren	
fragen		reisen		verdienen	
holen		sagen		verkaufen	
hören		spielen		telefonieren	

3 Markieren Sie die Partizipien und sortieren Sie.

(studiert)(gelebt)gehabtbenutztgearbeitetgesuchtgeschmecktbuchstabiertbezahltbestellt

ge- ...t	*gelebt*
...t	*studiert*

4 Ergänzen Sie.

1 ich habe gemacht → *machen* — Ich *habe* gerade Hausaufgaben *gemacht*.
2 du hast gelernt → ____ — ____ du heute schon ____?
3 er / es / sie hat telefoniert → ____ — Er ____ mit seiner Mutter ____.
4 wir haben gehört → ____ — Wir ____ Jazz ____.
5 ihr habt besucht → ____ — ____ ihr Annika und Jan ____?
6 sie / Sie haben gespielt → ____ — Sie ____ Basketball ____.

5 Ergänzen Sie.

~~lernen~~   spielen   reparieren   fragen   hören   schneien   verkaufen

1 Sprichst du Deutsch? – Ja, ich *habe* es in der Schule *gelernt*.
2 Was habt ihr gemacht? – Wir ____ Musik ____.
3 Und was denkt sie? – Ich bin nicht sicher. Ich ____ sie nicht ____.
4 Wie war das Wetter? – Kalt! Und es ____.
5 Wo ist dein Auto? – Ich habe kein Auto mehr. Ich ____ es ____.
6 Läuft das Fahrrad wieder? – Ja, ich ____ es ____.
7 ____ du Fußball ____? – Nein, ich war im Fitness-Studio.

6 Vergleichen Sie Deutsch und Englisch und übersetzen Sie.

Deutsch	Englisch	Meine Sprache
Wir haben letzte Nacht getanzt.	We danced last night.	
Wir haben im Sommer 1990 getanzt.	We danced in the summer of 1990.	

7 Schreiben Sie 3 Sätze über Ihre Vergangenheit. Benutzen Sie das Perfekt.

Ich habe in Paris gelebt.

9 Wir haben Pommes frites gegessen.

Perfekt 2: unregelmäßige Verben mit *haben*

ENTDECKEN

A Lesen Sie und ergänzen Sie die Verben im Perfekt.

Mein Tagebuch
Sonntag, 15. Juni

Heute sind wir auf Sylt. Sylt ist super! Mittags <u>habe</u> ich Fisch und Pommes frites <u>gegessen</u>.

Am Nachmittag haben wir am Strand gelesen und geschlafen. Die Sonne, der Wind! Cool! Am Abend haben wir Cocktails in der *Wunderbar* getrunken.

B Lesen Sie A noch einmal und ergänzen Sie.

	2			Ende
Ich	habe		Fisch	
	Hast	du	das Buch	gelesen?
Sie	hat		viel	geschlafen.
Wir	haben		Cocktails	

Infinitiv	→ Partizip Perfekt			
lesen	→ gelesen	essen	→ gegessen	
schlafen	→ geschlafen	finden	→ gefunden	
sehen	→ gesehen	trinken	→ getrunken	ge...en
halten	→ gehalten			
geben	→ gegeben			

C Perfekt mit *haben* und unregelmäßigen Verben. Lesen Sie.

- Das Partizip Perfekt steht am Satzende.
- Achtung! essen → g<u>e</u>gessen, finden → gef<u>u</u>nden, trinken → getr<u>u</u>nken.

ÜBEN

1 Schreiben Sie die Dialoge.

◆ H4st du d4s Buch d3nn schon g3l3s3n?
○ N31n, h4b3 1ch n1cht.

Hast du das Buch

▲ H4st du d3n F1lm g3s3h3n?
■ J4, 3r w4r sup3r.

Hast

◆ H4st du gut g3schl4f3n?
○ J4, d4nk3.

2 Kreuzworträtsel. Ergänzen Sie die Infinitive.

☞ 1 gesehen, 2 gehalten, 6 gegessen, 7 getrunken

☞ 1 geschlafen, 3 gelesen, 4 gefunden 5 gegeben

3 Sortieren und ergänzen Sie die Buchstaben in den orangenen Kästchen. Wie heißt die große Stadt in Norddeutschland?

_ _ m _ u _ _

4 Ergänzen Sie.

ich	habe _gesehen_	→ sehen	Ich _habe_ Maria im Deutschkurs _gesehen_.
du	hast	→ essen	.... du heute Mittag etwas ....?
er / es / sie	hat	→ halten	Der Zug .... nicht in Köln ....
wir	haben	→ lesen	Wir .... Harry Potter ....
ihr	habt	→ schlafen	.... ihr gut ....?
sie / Sie	haben	→ trinken	Sie .... nur Cola ....

5 Ergänzen Sie.

getrunken   gegessen   gelesen   ~~getrunken~~   gespielt   geduscht   geschlafen

Heute waren wir auf Sylt. Sylt ist wirklich super!
Am Vormittag waren wir in der Stadt, in Westerland. Wir haben Kaffee (1) _getrunken_ und Croissants (2) .... Am Nachmittag waren wir dann am Strand. Nils und Nina haben Beachvolleyball (3) .... Ich habe Zeitung (4) .... und ein bisschen (5) .... Ich war richtig müde. Im Hotel haben wir dann (6) .... Am Abend haben wir Cocktails in der *Wunderbar* (7) ....

6 Ergänzen Sie die Verben im Perfekt.

1 Hast du Durst? – Nein, danke. Ich _habe_ schon etwas _getrunken_ (trinken).
2 Du, der Bus .... nicht .... (halten). – Was? Vielleicht .... der Fahrer dich nicht .... (sehen).
3 .... ihr viel .... (essen)? – Also, ich nicht. Nur einen Salat und einen Nachtisch.
4 Wo ist denn der Schlüssel? – Tut mir leid, ich .... ihn nicht .... (finden).

7 Was haben Sie heute Morgen gemacht? Schreiben Sie im Perfekt.

duschen _Ich habe geduscht._   Kaffee trinken ....
Zeitung lesen ....   Müsli essen ....

10 Wir sind Fahrrad gefahren.

Perfekt 3: Verben mit *sein*

ENTDECKEN

A Lesen und unterstreichen Sie die Verben im Perfekt.

> **Mein Tagebuch**
> Sonntag, 16. Juni
>
> Wir sind immer noch auf Sylt. Wir lieben es.
> Wir <u>sind</u> am Vormittag Fahrrad <u>gefahren</u> 🚲. Wir haben die ganze Insel gesehen.
>
> Am Nachmittag ist dann Carla gekommen 🚗, eine Freundin aus Hamburg.
> Am Abend haben wir getanzt und gefeiert.

B Lesen Sie A noch einmal und ergänzen Sie.

	2			Ende
Wir	sind		am Vormittag Fahrrad	_____ .
Heute	ist		meine Freundin Carla	_____ .
	Bist	du	denn heute schon	gelaufen?

Infinitiv	→ Partizip Perfekt			
fahren → ge**fahr**en		laufen → ge**lauf**en		ge...en
kommen → ge**komm**en		gehen → ge**gang**en		

C Perfekt mit *sein*. Lesen Sie.

- Einige Verben bilden das Perfekt mit *sein*. Es sind oft Verben der Bewegung.
- Achtung! gehen → ge**ga**ngen.

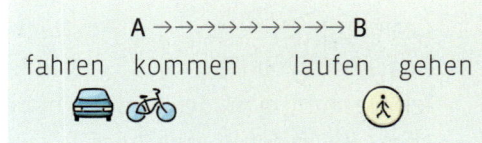

A →→→→→→→→→ B
fahren   kommen   laufen   gehen

ÜBEN

1 Ordnen Sie zu.

1 Bist du heute morgen gelaufen?   a Tim? Er ist einfach gegangen.
2 Ist denn Annika noch gekommen?   b Ja, im Westpark.
3 Und wo ist Tim?   c Nein, sie ist leider nicht gekommen.

2 Ordnen Sie Infinitive und Partizipien zu und schreiben Sie.

~~fahren~~   laufen   kommen   gehen   ~~gefahren~~   gekommen   gegangen   gelaufen

fahren – gefahren

3 Ergänzen Sie.

1 ich	bin *gelaufen*	→ laufen	Ich *bin* heute morgen im Westpark *gelaufen*.
2 du	bist _____	→ kommen	Du _____ am Nachmittag _____ .
3 er / es / sie	ist _____	→ fahren	Sie _____ nach Wien _____ .
4 wir	sind _____	→ gehen	Wir _____ auf die Party _____ .
5 ihr	seid _____	→ fahren	_____ ihr in die Stadt _____ ?
6 sie / Sie	sind _____	→ gehen	Sie _____ ins Kino _____ .

4 Lesen Sie den Dialog und ergänzen Sie die richtige Form von *haben* oder *sein*.

◆ Was (1) *habt* ihr denn gestern gemacht?
○ Wir (2) _____ gefrühstückt. Dann (3) _____ wir in die Stadt gefahren. Wir (4) _____ auf den Markt gegangen und (5) _____ Obst und Gemüse gekauft. Dann (6) _____ wir in ein Café gegangen und (7) _____ Cappuccino getrunken. Jan (8) _____ auch ein Croissant gegessen.
◆ Und am Nachmittag?
○ Am Nachmittag (9) _____ ich im Westpark gelaufen. Dann (10) _____ ich geduscht und dann (11) _____ Nina gekommen.
◆ Und was (12) _____ ihr am Abend gemacht?
○ Wir (13) _____ ins Kino gegangen und (14) _____ „Tage in Rom" gesehen. Der Film war super! Und dann (15) _____ wir noch einen Cocktail getrunken. Ich (16) _____ sehr spät ins Bett gegangen.

5 Julian ist Student. Er schreibt über einen typischen Montag. Schreiben Sie den Text im Perfekt.

Am Montag schlafe ich lange. Dann frühstücke ich. Ich trinke Kaffee und esse Toast. Am Vormittag lese ich die Zeitung. Dann lerne ich ein bisschen. Am Nachmittag gehe ich in die Uni. Dann mache ich Sport. Am Abend höre ich Musik und gehe ins Bett.

Am Montag habe ich lange geschlafen.

6 Hast du schon einmal …? Schreiben Sie 3 Fragen.

Hast du schon einmal Sushi gegessen?

11 Ihr könnt unsere Parkplätze benutzen.
Modalverb *können*

ENTDECKEN

A Ordnen Sie zu.

www.fitnessfreunde-24.netz/info

Bei Fitness Freunde 24 geht alles. Und das ist auch noch gratis:

1 _B_ Ihr könnt unsere Parkplätze benutzen.   3 ___ Ihr könnt Fitness-Drinks und Wasser trinken.
2 ___ Ihr könnt ein Probetraining machen.

B Lesen Sie A noch einmal und ergänzen Sie.

	können
ich	kann
du	kannst
er / es / sie	kann
wir	können
ihr	_____
sie / Sie	können

	2			Ende
Ich	kann		schnell	laufen.
Du	kannst		in die Schule	gehen.
Er/Sie	kann		morgen	kommen.
Wir	können		Gitarre	spielen.
Ihr	könnt		Wasser	trinken.
Können		sie	die Parkplätze	benutzen?

C Modalverb *können*. Lesen Sie.

- *können* hat zwei Bedeutungen:
  Möglichkeit → Ihr könnt Wasser trinken.
  Fähigkeit → Er kann Gitarre spielen.
- *können* ist auf Position 2. Der Infinitiv steht am Satzende.
- Achtung! ö → a nach *ich, du, er / es / sie*.

ÜBEN

1 Möglichkeit oder Fähigkeit? Kreuzen Sie an.

	Möglichkeit	Fähigkeit
1 Kann er denn gut backen? – Ja, das kann er wirklich toll.	○	⊗
2 Können Sie morgen kommen? – Nein, tut mir leid.	○	○
3 Wie ist sein Deutsch? – Wirklich super! Er kann sehr gut sprechen.	○	○

2 a oder ö? Ergänzen Sie.

1 er k_a_nn   2 wir k__nnen   3 du k__nnst   4 ihr k__nnt

3 *kann* oder *kannst*? Was ist richtig? Unterstreichen Sie.

◆ Unser Fitness-Studio ist cool!
○ Ach, wirklich?
◆ Ja, du (1) *kann / kannst* bis 24 Uhr trainieren.
○ Und Kurse?
◆ Haben wir auch. Ich (2) *kann / kannst* auch Yoga machen. Das ist mein Lieblingssport.
○ Gibt es denn Parkplätze?
◆ Ja, du (3) *kann / kannst* die Parkplätze gratis benutzen.
○ Und die Trainer?
◆ Mein Trainer heißt Mark. Er ist süß. Und er (4) *kann / kannst* richtig gut erklären.

4 Lesen Sie 3 noch einmal und schreiben Sie die vier Sätze mit *können*.

	2		Ende
Du	*kannst*	*bis 24 Uhr*	*trainieren.*

5 *können* oder *könnt*? Ordnen Sie zu.

Können ——— Sie morgen noch einmal kommen?
Könnt   ihr denn zum Yogakurs kommen?
               wir mal zusammen trainieren?
               ihr bitte den rechten Arm heben?

6 *kann* oder *können*? Ergänzen Sie.

1 _Kann_ Nina auch montags trainieren? – Nein, montags hat sie Deutschkurs.
2 Und wie ist der neue Trainer? – Cool! Und er _____ super erklären.
3 Mann, ist das warm hier! _____ wir jetzt etwas trinken? – Ja, sicher.
4 _____ wir mal einen Kurs zusammen machen? – Ja, gerne.
5 _____ er denn auch Fußball spielen? – Nein, kann er nicht. Aber sie _____ sehr gut spielen.

7 Was können Sie sehr gut / gut / nicht so gut? Schreiben Sie.

sehr gut   *Ich kann sehr gut kochen.*
gut   _____
(gar) nicht   _____

12 Muss ich mehr arbeiten?
Modalverb *müssen*

ENTDECKEN

A Lesen Sie das Gedicht und unterstreichen Sie *musst* und die Infinitive.

Muss ich ...?

Du musst viel Geld verdienen!
Muss ich?
Du musst mehr arbeiten!
Muss ich?
Du musst die E-Mails checken.
Muss ich?
Du musst ...

B Lesen Sie A noch einmal und ergänzen Sie.

	müssen
ich	
du	
er / es / sie	m**u**ss
wir	müss**en**
ihr	müss**t**
sie / Sie	müss**en**

	2			Ende
Du	musst		viel Geld	verdienen.
Er	muss		noch	telefonieren.
Wir	müssen		den Film	sehen.
Morgen	müsst	ihr		arbeiten.
	Musst	du	nicht bald	gehen?

C Modalverb *müssen*. Ergänzen Sie

- Notwendigkeit: *Ich muss telefonieren.*
- *müssen* ist auf Position 2. Der Infinitiv steht am Satzende.
- Achtung! ü → u nach *ich, du, er / es / sie*.

ÜBEN

1 *ü* oder *u*? Ergänzen Sie.

1 Ich m*u*ss jetzt leider gehen. – Okay, bis bald.
2 Wann m___ss dein Sohn zu Hause sein? – Um acht.
3 Wir m___ssen die Schlüssel abgeben. – Ja, stimmt! Und wo?
4 Und was mache ich jetzt? – Du m___sst das hier anklicken.

2 Wochenende, aber viel Arbeit. Ergänzen Sie *muss* oder *musst*.

1 Ich *muss* zum Frühstück Brötchen kaufen.
2 Du _____ Eier und Kaffee für unsere Gäste machen.
3 Ich _____ Tim zum Fußball-Training bringen.
4 Du _____ im Supermarkt für das Abendessen einkaufen.

3 Fragen im Büro. Ordnen Sie die richtige Form von *müssen* den Sätzen zu.

Musst — Sie noch auf einen Kunden warten?
Müssen — du noch eine E-Mail schreiben?
Müsst — ihr auch zum Chef gehen?
— Sie heute auch noch telefonieren?
— ihr jetzt nicht ins Meeting?

4 Sortieren Sie die Sätze und ergänzen Sie.

1 muss / David / lernen. / noch Vokabeln
2 Emilie / kaufen. / Getränke für die Party / muss
3 in die Stadt / muss / gehen. / Sie
4 gehen. / muss / Er / jetzt

	2		Ende
David	*muss*	*noch Vokabeln*	*lernen.*

5 Ergänzen Sie *müssen* oder *können* in der richtigen Form.

◆ Oje, ich (1) *kann* die Übung nicht machen.
○ Warum nicht? Die Übung ist doch ganz leicht.
◆ Ich (2) .... nicht! Mein Kopf tut weh und ich bin müde.
○ Du (3) .... aber lernen! Die Prüfung ist in zwei Tagen.
◆ Ja, ja. Ich weiß.

□ So, wir (4) .... jetzt gehen.
● Ach, (5) .... ihr nicht noch ein bisschen bleiben?
□ Nein, tut mir leid.
● Warum? Hast du bald eine Prüfung?
□ Ja, morgen. Und da (6) .... ich fit sein.
● Okay. Viel Glück!

6 Schreiben Sie das Gedicht *Muss ich …* weiter.

Du musst ....
....
....
....

13 Was willst du werden?

Modalverben *wollen / möchten*

ENTDECKEN

A Ordnen Sie zu.

Nur eine Frage – Was willst du werden?
1 ...... Computer sind mein Ding.
Ich will IT-Ingenieurin werden.
2 ...... Ich liebe Sport. Ich möchte
Fitnesstrainerin werden.

 A
 B

B Lesen Sie A noch einmal und ergänzen Sie.

	wollen	möchten
ich	....	....
du	willst	möchtest
er / es / sie	will	möchte
wir	wollen	möchten
ihr	wollt	möchtet
sie / Sie	wollen	möchten

	2			Ende
Ich	will		IT-Ingenieur	werden.
Sie	möchte		den Film	sehen.
	Wollen	wir	eine Party	machen?

C Modalverben *wollen* und *möchten*. Lesen Sie.

- Wunsch: *Ich möchte das.*   starker Wunsch: *Ich will das.*   → *möchten* ist höflicher.
- Vorschlag: *Wollen wir ins Kino gehen?*
- *wollen / möchten* ist auf Position 2. Der Infinitiv steht am Satzende.
- Achtung! o → i nach *ich, du, er / es / sie*.

ÜBEN

1 Finden Sie die Formen von *möchten* und *wollen* und ergänzen Sie die Tabelle.

	möchten	wollen
ich	möchte	will
du		
er / es / sie		
wir		
ihr		
sie / Sie		

S	W	Q	Z	M	W	Y	Z	C	V
C	I	W	M	Ö	C	H	T	E	B
Y	L	M	Ö	C	H	T	E	N	Y
X	L	R	N	H	R	M	M	W	E
Q	A	T	T	T	R	M	Ö	O	M
W	R	U	P	E	I	Ö	C	L	W
W	O	L	L	T	R	C	H	L	O
I	O	P	A	C	V	H	T	E	L
A	S	M	Ö	C	H	T	E	N	L
W	I	L	L	J	K	E	T	Y	E
A	S	Q	W	R	T	S	O	U	N
M	W	I	L	L	S	T	P	I	Z

2 Im Deutschkurs. *i* oder *o*? Ergänzen Sie.

1 Ich will den Text verstehen.
2 Sie w_ill die Übung nicht machen.
3 W_illst du Pause machen?
4 Wir w_ollen ein Diktat schreiben.
5 W_ollt ihr die Grammatik wiederholen?
6 Er w_ill den Satz lesen.

3 Party. Ordnen Sie zu.

1 Wollen — d wir am Wochenende eine Party machen?
2 Willst — a ihr denn alle Freunde einladen?
3 Wollt — b Tina und Tobias auch kommen?
4 Will — c du nicht die Getränke kaufen?
5 Wollen — e Tim vielleicht den Grill mitbringen?

4 Ergänzen Sie.

möchte   möchtet   ~~möchtest~~   möchten   möchten

1 Paul, was (1) *möchtest* du denn studieren? – Psychologie. Ich (2) _____ gerne mit Menschen arbeiten.
2 (3) _____ Sie auch einen Kurs für MS Office machen, Frau Decker? – Ja, mein Mann und ich. Wir (4) _____ den Kurs beide machen.
3 Hallo, Tobias, hallo, Avia. (5) _____ ihr den Kurs machen? – Ja, ist denn noch was frei?

5 Ergänzen Sie *möchten* in der richtigen Form.

1 Hast du keinen Hunger? – Nein, danke. Ich *möchte* nichts essen.
2 _____ du ins Kino gehen? – Ich habe leider keine Zeit.
3 Was kann ich für Sie tun? – Ich _____ gerne eine Flasche Wein.
4 Kommt ihr zum Kurs? – Ja, wir _____ Deutsch lernen.

6 Sortieren Sie und schreiben Sie die Sätze mit *wollen* und *möchten* in der richtigen Form.

1 möchten / Er / werden. / Fitnesstrainer   *Er möchte Fitnesstrainer werden.*
2 Sie / Psychologie / studieren. / möchten
3 einen Beruf / Ich / wollen / lernen.
4 Wir / einen Englischkurs / wollen / machen.

7 Und Sie? Was wollen / möchten Sie gerne tun? Schreiben Sie 4 Sätze.

Ich will ein Computerprogramm schreiben.

14 Wir dürfen viel sprechen.
Modalverb *dürfen*

ENTDECKEN

A Im Deutschkurs. Was darf man (✓)? Was darf man nicht (X)? Markieren Sie die Sätze.

> www.deutschkurs.de/blog
>
> **Unser Deutschkurs – Was geht? Was geht nicht?**
>
> Wir dürfen viel sprechen. ✓   Wir dürfen nicht schlafen. ___
> Wir dürfen lesen. ___   Wir dürfen nicht telefonieren. ___
> Wir dürfen Fehler machen. ___   Wir dürfen keine Musik hören. ___
> Wir dürfen Smartphones benutzen. ___

B Lesen Sie A noch einmal und ergänzen Sie.

	dürfen
ich	d**a**rf
du	d**a**rfst
er / es / sie	d**a**rf
wir	
ihr	dürf**t**
sie / Sie	dürf**en**

	2			Ende
Er	darf		auch gerne	telefonieren.
Wir	dürfen		hier nicht	rauchen.
	Darf	ich	dich	einladen?

C Modalverb *dürfen*. Lesen Sie.

- Erlaubnis: *Man darf rauchen.*   Verbot: *Man darf nicht rauchen.*
- Höfliche Frage / Bitte: *Darf ich Sie etwas fragen?*
- *dürfen* ist auf Position 2. Der Infinitiv steht am Satzende.
- Achtung! ü → a nach *ich, du, er / es / sie.*

ÜBEN

1 Ergänzen Sie die Tabelle und markieren Sie die Vokale und Endungen.

2 Verboten! a oder ü? Ergänzen Sie.

1 Wir d**ü**rfen hier nicht spielen.
2 Ich d___rf hier nicht rauchen.
3 Ihr d___rft hier nicht Fußball spielen.
4 Sie d___rf hier nicht telefonieren.
5 Sie d___rfen hier nicht parken.

	dürfen
ich	
du	*darfst*
er / es / sie	
wir	
ihr	
sie / Sie	

3 Ergänzen Sie *dürfen* in der richtigen Form. Dann ordnen Sie zu.

1. Es geht ihm schon besser. Du *darfst* ihn besuchen.
2. _____ wir Sie zu einem Kaffee einladen?
3. Es _____ nicht mehr als 15 Euro kosten.
4. Achtung! Das _____ Sie nicht tun!
5. Hier im Kurs _____ man nicht essen.
6. _____ ich Sie um etwas bitten?
7. Ihr _____ hier nicht rauchen.
8. Was _____ es denn sein?

höfliche Frage
Erlaubnis
Verbot

4 Verbote. Ergänzen Sie *dürfen* in der richtigen Form.

1. Tina und ich: Wir *dürfen* nicht jedes Wochenende grillen.
2. Carla und du: Ihr _____ nicht vor dem Haus parken.
3. Herr Müller: Er _____ nicht laut Musik hören.
4. Du: Du _____ nicht im Wohnzimmer tanzen.
5. Herr und Frau Decker: Sie _____ keine Tiere haben.
6. Ich: Ich _____ nicht im Garten Ball spielen.

5 Sortieren Sie die Karten und schreiben Sie die Sätze.

FEN DIE WÖR | WIR DÜR | TERBÜCHER BE | NUTZEN.
SCHREIBEN. | BEITSBUCH | INS AR | DU DARFST
BEN JULIA | SITZEN. | DARF NE | PAOLA
TAGS | ICH DARF MON | SPÄ | TER KOMMEN.

WIR DÜRFEN DIE WÖRTERBÜCHER BENUTZEN.
_____
_____
_____

6 *dürfen* oder *wollen*? Ergänzen Sie die Nachrichten.

20:14 Ich *darf* nicht telefonieren. Bin gerade im Deutschkurs. ✓✓
20:15 Schon klar! _____ wir uns später treffen?
20:17 Warum? Was _____ du? ✓✓
20:18 Einfach so!
20:20 OK. Um 9 beim Italiener?

7 Welche Regeln gibt es an Ihrem Arbeitsplatz? Was ist erlaubt und was nicht? Schreiben Sie 3 Sätze.

Wir dürfen nicht rauchen.
_____

15 Was soll ich denn tun?

Modalverb *sollen*

ENTDECKEN

A Jo ist krank, er schreibt seiner Mutter eine Nachricht und sie gibt ihm Tipps. Dann spricht er mit Lisa. Lesen Sie und unterstreichen Sie *soll*.

Mama, ich habe Husten, Schnupfen und Fieber. Was soll ich denn tun? 16:15 ✓✓

Trink Tee, iss eine Suppe und bleib im Bett! Schlafen ist wichtig! 16:18

Lisa: Und? Was schreibt Sie?

Jo: Ich soll Tee trinken. Ich soll Suppe essen und ich soll im Bett bleiben.

B Lesen Sie A noch einmal und ergänzen Sie.

	sollen
ich	
du	sollst
er / es / sie	soll
wir	sollen
ihr	sollt
sie / Sie	sollen

	2			Ende
Ich	soll		viel Tee	.
Heute	sollst	du	eine Suppe	.
Er	soll		im Bett	bleiben.
	Soll	sie	nicht schon	schlafen?

C Modalverb *sollen*. Ergänzen Sie.

- Ratschlag / Tipp: *Du sollst im Bett bleiben.*
- Erwartung an jemanden: *Wir sollen pünktlich sein.*
- Vorschlag als Frage: *Sollen wir ins Kino gehen?*
- *sollen* ist auf Position 2. Der Infinitiv steht am Satzende.

ÜBEN

1 Ergänzen Sie die Tabelle und markieren Sie die Endungen.

2 Ergänzen Sie *sollen* in der richtigen Form.

1 Wir _sollen_ die Übung 5 im Arbeitsbuch machen.
2 Er _____ den Text lesen.
3 Ich _____ pünktlich zum Kurs kommen.
4 _____ ihr auch die Vokabeln lernen?
5 Du _____ doch im Kurs nicht telefonieren!

	sollen
ich	
du	sollst
er / es / sie	
wir	
ihr	
sie / Sie	

3 Mark schreibt Karen eine E-Mail. Sie erzählt ihren Freunden von der Nachricht. Was sollen sie tun? Lesen Sie die E-Mail und schreiben Sie dann.

Hallo Karen,
ich komme am Wochenende. Holt bitte den Grill aus der Garage und kauft Steaks und Bier. Macht bitte auch einen Salat und ruft Sara und Tim an.
Bis bald, Mark

◆ Und was schreibt Mark?
○ *Er kommt am Wochenende. Wir sollen den Grill* _____

4 Was hat der Arzt gesagt? Schreiben Sie Sätze mit *sollen*.

1 Schlafen Sie viel!   Der Arzt hat gesagt, *ich soll viel schlafen.*
2 Trinken Sie viel Tee!   Der Arzt hat gesagt, _____
3 Nehmen Sie die Tabletten!   Der Arzt hat gesagt, _____
4 Bleiben Sie im Bett!   Der Arzt hat gesagt, _____

5 Sortieren Sie und schreiben Sie Fragen.

1 ich / Soll / aufstehen?   *Soll ich aufstehen?* – Ja, bitte.
2 wir / Sollen / die Tabletten / bestellen?   _____ – Ja, gerne.
3 ich / Ihnen helfen? / Soll   _____ – Nein, danke.
4 ich etwas / Soll / mitbringen?   _____ – Ja, bring bitte Tee mit.
5 kommen? / Soll / ich / heute   _____ – Ja, der Arzt möchte Sie sehen.
6 mehr Sport machen? / Sollt / ihr   _____ – Ja, das hat der Arzt gesagt.

6 Ergänzen Sie *sollen* in der richtigen Form.

1 Du *sollst* im Bett bleiben. – Aber ich muss doch ins Büro.
2 Wir _____ viel Obst essen. Das sagt der Arzt. – Stimmt! Obst ist sehr gesund.
3 Ich gehe jetzt in die Apotheke. _____ ich etwas mitbringen? – Ja, Aspirin, bitte.
4 Der Trainer sagt, ihr _____ viel Wasser trinken. – Okay. Das machen wir.
5 Jan _____ morgen bitte zum Training kommen. – Okay, ich rufe ihn an.
6 Laura und Maria wollen auf den Markt. _____ sie Tomaten mitbringen? – Ja, bitte.

7 Lehrer geben gerne Tipps. Welche Ratschläge und Tipps hat Ihre Deutschlehrerin / Ihr Deutschlehrer Ihnen gegeben? Schreiben Sie 4 Sätze mit *sollen*.

Er / Sie hat gesagt, …
wir sollen viel lesen.

16 Der Film

Genus: maskulin, neutral, feminin

ENTDECKEN

A Ergänzen Sie die Artikel.

• _der_ Film • _das_ Haus • _die_ Limo

B Lesen Sie A noch einmal und ergänzen Sie.

• maskulin	der Bus	_____ Film	der Tee
• neutral	das Auto	_____ Haus	das Motorrad
• feminin	die Jacke	_____ Limo	die Straße
• Plural	die Autos	die Filme	die Straßen

C Maskulin, neutral, feminin. Lesen Sie.

- Nomen sind maskulin, neutral oder feminin.
- Sie haben die Artikel *der* (• maskulin), *die* (• feminin) oder *das* (• neutral). Der Artikel im Plural ist immer *die* (•).
- Tipp: Lernen Sie immer Nomen + Artikel!

ÜBEN

1 Verkehrsmittel. Ordnen Sie die Artikel zu.

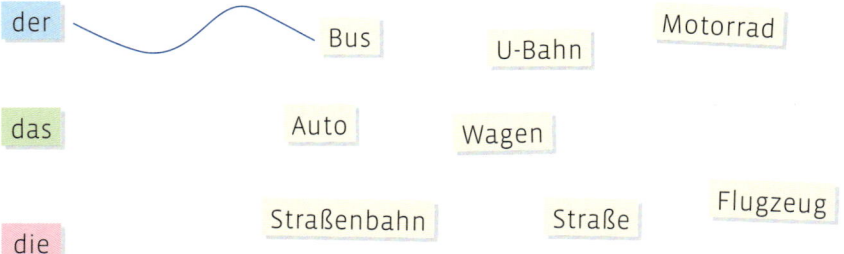

2 *der*, *das* oder *die*? Ordnen Sie zu.

• Auto • Lampe • Jeans • Bluse • Sofa • Tisch • Fahrrad • Uhr • Stuhl

•	•	•
	das Auto	

3 Suchen Sie die 10 Wörter und schreiben Sie.

kaffee|computer|bild|taxi|pizza|jacke|handy|motorrad|marmelade|hotel

Kaffee   Computer   Bild   Taxi   Pizza   Jacke   Handy
Motorrad   Marmelade   Hotel

4 Orden Sie die Wörter aus 3 zu. Suchen Sie die Artikel im Wörterbuch.

der Kaffee

das Bild

die Pizza

5 Lesen Sie und unterstreichen Sie die Artikel.

1 Entschuldigen Sie, wo ist denn <u>das</u> Zentrum? – Gehen Sie einfach geradeaus.
2 Wow, das Auto ist ja cool! – Ja, aber sehr teuer!
3 Wie ist denn der Deutschkurs? – Gut!
4 Hey, die Jacke ist toll! – Danke.

6 *der*, *das* oder *die*? Ergänzen Sie.

1 Entschuldigung, wann kommt *der* Bus? – In fünf Minuten.
2 Und was kostet _____ Bild? – Vierhundert Euro.
3 Wie schmeckt denn _____ Kaffee? – Sehr gut, danke.
4 Sag mal, wie findest du _____ Jacke? – Toll!

7 Was mögen Sie? Was sind Ihre Lieblingsdinge? Benutzen Sie ein Wörterbuch und schreiben Sie 10 Nomen mit Artikel.

das Wochenende,

17 Äpfel und Birnen

Singular und Plural

ENTDECKEN

A Unterstreichen Sie die Nomen im Plural.

Entschuldigung, haben Sie auch Obst?

Ja, hier! Äpfel, Birnen, Orangen …

B Lesen Sie A noch einmal und ergänzen Sie.

	Singular	Plural
-n	• Birne	• ....
-en	• Frau	• Frau**en**
-e	• Tisch	• Tisch**e**
-er	• Ei	• Ei**er**
-	• Brötchen	• Brötchen

	Singular	Plural
¨	• Apfel	• ....
¨e	• Sohn	• Söhn**e**
¨er	• Buch	• Büch**er**
-s	• Café	• Café**s**
-nen	• Kollegin	• Kollegin**nen**

C Plural. Lesen Sie.

- Endungen im Plural: *Tisch – Tische, Ei – Eier, …*
- Umlaute *(ä, ü und ö)* im Plural: *Apfel – Äpfel, Buch – Bücher, Sohn – Söhne.*
- Der Artikel im Plural ist immer *die*.
- Tipp: Lernen Sie immer Nomen + Pluralform!

ÜBEN

1 Was gibt es in der Stadt? Unterstreichen Sie und ergänzen Sie die Pluralformen.

• Bank • Straße • Stift • Ampel • Café • U-Bahn • Auto • Tomate

-n	-en	-s
	die Bank – die Banken,	

2 *e* oder *er*? Suchen Sie in einem Wörterbuch und ergänzen Sie.

1 • Bild *er*   2 • Kind......   3 • Lied......   4 • Arm......   5 • Schild......   6 • Bein......   7 • Film......

3 Ergänzen Sie den Plural.

1 Brötchen • *die Brötchen*   2 Kuchen • ....   3 Hähnchen • ....

4 ä oder ü? Ergänzen Sie.

1 • F_ü_ße 2 • B_ä_ume 3 • Gr_ä_ße 4 • Fahrr_ä_der 5 • M_ü_tter 6 • Gl_ä_ser 7 • Z_ü_ge

5 Singular und Plural. Ordnen Sie zu.

• Heft • Brötchen • Stifte • ~~Betten~~ • Bücher • Kind • Pausen • Ei • Stühle • Eier
• Arzt • Pause • Ärzte • Kinder • Buch • Stuhl • ~~Bett~~ • Stift • Brötchen • Hefte

Singular	Plural
das Bett,	die Betten,

6 Im Deutschkurs. Ergänzen Sie.

1 Brauchen wir ein Heft? – Nein, _Hefte_ brauchen wir nicht.
2 Ist noch ein Stuhl da? – Ja, da sind doch _____.
3 Hast du einen Stift? – Nein, _____ habe ich nicht.
4 Ein Buch habe ich nicht. – _____ brauchen wir heute auch nicht.

7 Was brauchen Sie im Deutschkurs? Schreiben Sie Sätze. Benutzen Sie auch die Nomen aus 6.

Wir brauchen Hefte,

8 Was ist richtig? Unterstreichen Sie.

1 Was essen wir? – Was möchtest du denn? Wir haben Ei / _Eier_ und Kartoffel / Kartoffeln.
2 Wo sind denn die Tomate / Tomaten? – Im Kühlschrank.
3 Haben wir noch Obst? – Ja, wir haben Apfel / Äpfel, Banane / Bananen und Birne / Birnen.
4 Wie schmecken die Orange / Orangen? – Die schmecken toll!

9 Ergänzen Sie die Singularformen.

• Brötchen • Birne • Glas • Gast • Tomate • ~~Ei~~ • Geschäft • Blume

Eier _das Ei_   Tomaten _____
Gäste _____   Geschäfte _____   Gläser _____
Birnen _____   Blumen _____   Brötchen _____

10 Und Ihr Lieblingsessen?
Schreiben Sie wie in 9.

Orangen – die Orange

18 Die Küche kostet nicht viel.
Nominativ

ENTDECKEN

A Lesen Sie und unterstreichen Sie *die* und *eine*.

Die Küche ist von XL-Möbel! Eine Küche von XL-Möbel kostet nicht viel.

Stimmt! Und die Küchen von XL-Möbel sind cool! ☺

B Lesen Sie A noch einmal und ergänzen Sie.

Nominativ				
	definiter Artikel		indefiniter Artikel	
• maskulin	der	Tisch	ein	Tisch
• neutral	das	Haus	ein	Haus
• feminin	....	Küche	ein*e*	Küche
• Plural	....	Küchen	---	Küchen

Subjekt (Wer/Was?)	2 Verb	
Die Küche	ist	cool.
Eine Küche von XL-Möbel	ist	billig.
Mein Vater	ist	nett.

C Nominativ. Lesen Sie.

- Das Subjekt steht im Nominativ. Es steht für Menschen oder Dinge.
- Achtung! *ein-* hat keine Pluralform.
- *ein-*, *mein-* und *kein-* haben im Singular die gleichen Endungen.

ÜBEN

1 Ergänzen Sie die Artikel im Nominativ.

•	*der*	Tisch	....	Tisch	....	Tisch	....	Tisch
•	....	Sofa	*ein*	Sofa	....	Sofa	*kein*	Sofa
•	....	Lampe	....	Lampe	*meine*	Lampe	....	Lampe

2 Ordnen Sie zu.

• ~~Bäckerei~~ • Restaurant • Gemüseladen • Kirche • Geschäft • Spielplatz • Metzgerei • Schule • Café • Straße • Kindergarten • Supermarkt • Haus

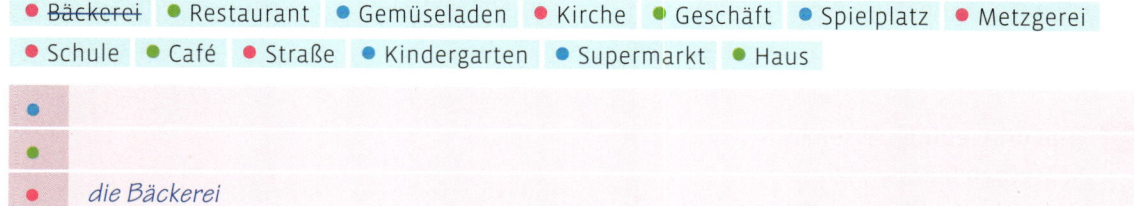

•
•
• *die Bäckerei*

3 Was gibt es in der Schmellerstraße? Liane und Manuel schauen auf einer Karte im Internet. Ergänzen Sie die definiten Artikel.

◆ Und du wohnst in der Schmellerstraße?
○ Ja, (1) _die_ Schmellerstraße ist hier, nicht weit vom Zentrum. Da gibt es alles: Metzgerei, Bäckerei, Gemüseladen, Supermarkt. Eine Kirche, ein Kindergarten und ein Spielplatz sind auch da.
◆ Toll! Wo ist denn (2) _____ Bäckerei?
○ Da, siehst du! Da ist (3) _____ Restaurant, da ist auch (4) _____ Metzgerei. Und da ist (5) _____ Bäckerei.
◆ Ah, ja. Und (6) _____ Gemüseladen ist gegenüber. Stimmt's?
○ Ja, genau.
◆ Und (7) _____ Kirche? Wo ist die?
○ Hier, am Ende der Straße. Da sind auch (8) _____ Schule und (9) _____ Kindergarten. Und (10) _____ Spielplatz ist gleich daneben.
◆ Und (11) _____ Supermarkt? Wo ist der?
○ Sieh mal, der ist hier.

4 Ergänzen Sie die indefiniten Artikel.

1 Was kostet denn _eine_ ● Küche von XL-Möbel? – Naja, so viertausend Euro.
2 Gibt's hier auch Spielplätze? – Ja, _____ ● Spielplatz ist am Ende der Straße.
3 _____ ● Grill für die Küche ist viel zu teuer. – Findest du? Der hier kostet nur 240 Euro.
4 _____ ● Küchen gibt es viele. – Ja, aber ich möchte die von XL-Möbel.

5 Ordnen Sie zu.

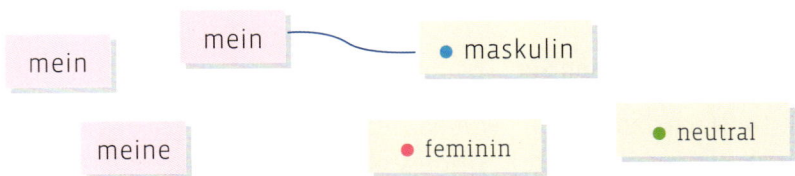

6 Lisa Simpson und ihre Familie. *mein* oder *meine*? Was ist richtig? Unterstreichen Sie.

Ich bin acht und heiße Lisa. (1) *Mein / Meine* Schwester, Maggie, ist ein Jahr alt und (2) *mein / meine* Bruder, Bart, ist zehn. (3) *Mein / Meine* Vater heißt Homer und (4) *mein / meine* Mutter ist Marge. Ich bin in der zweiten Klasse und bin Vegetarierin. Ich bin sehr intelligent. (5) *Mein / Meine* Hobby ist Musik. Ich liebe Jazz und spiele Saxophon. (6) *Mein / Meine* Freund heißt Murphy. Er ist auch Jazzmusiker.

7 Was ist für Sie wichtig? Schreiben Sie 5 Nomen.

Wichtig ist für mich: _meine Familie,_ _____

19 Ich bestelle einen Salat.
Akkusativ

ENTDECKEN

A Unterstreichen Sie die Artikel.

- Wann kommst du? ✓✓
- In zehn Minuten. Ich nehme <u>den</u> Zug.
- Ich bestelle schon mal eine Pizza und einen Salat. Okay? ✓✓
- Super!

B Lesen Sie A noch einmal und ergänzen Sie.

Akkusativ				
	definiter Artikel		indefiniter Artikel	
● maskulin	....	Zug	ein**en**	Zug
● neutral	das	Bier	ein	Bier
● feminin	die	Pizza	....	Pizza
● Plural	die	Tomaten	---	Tomaten

	2 Verb	Objekt (Wen?/Was?)
Ich	nehme	den Zug.
Wir	bestellen	eine Pizza.
Ich	liebe	meinen Vater.
Du	hast	kein Auto.

C Akkusativ. Lesen Sie.

- Nach den Verben *nehmen, lieben, haben,* ... steht das Objekt im Akkusativ.
- Nomen in Objekt-Position stehen für Menschen oder Dinge.
- Achtung! Maskuline Artikel: *der → den, ein → einen*.
- *ein-, mein-* und *kein-* haben im Singular die gleichen Endungen.

ÜBEN

1 Ergänzen Sie die Verben im Akkusativ.

●	....	Salat	....	Salat	*meinen*	Salat	....	Salat
●	*das*	Bier	*ein*	Bier	....	Bier	....	Bier
●	....	Pizza	....	Pizza	....	Pizza	*keine*	Pizza

2 Lesen Sie die Dialoge und ergänzen Sie die markierten Artikel im Akkusativ im Kreuzworträtsel.

◆ Und was machst du am Wochenende? ◆ Was feiert ihr denn?
○ Ich besuche meinen Vater in Köln.   ○ Wir feiern meinen Geburtstag.
◆ Meine Schwester hat ein Pferd.   ◆ Hast du deinen Schlüssel?
○ Wirklich?   ○ Ja, hier ist er.

M E I N E N

3 Manu war einkaufen. Schreiben Sie Sätze mit den definiten Artikeln im Akkusativ.

1 Wo ist denn der Wein? – *Oh, ich habe den Wein vergessen!*
2 Wo ist denn das Brot? –
3 Und wo sind die Tomaten? –
4 Wo ist denn die Butter? –
5 Und wo ist der Käse? –
6 Wo ist denn der Salat? –

4 Im Restaurant. Ergänzen Sie die Fragen mit den indefiniten Artikeln im Akkusativ.

1 Möchtest du *einen Wein*? (● Wein)
2 Trinkst du auch _____? (● Bier)
3 Möchtest du _____? (● Cola)
4 Isst du _____? (● Salat)
5 Isst du auch _____? (● Spaghetti)
6 Möchtest du _____? (● Suppe)
7 Nimmst du _____? (● Pommes frites)
8 Trinkst du _____? (● Kaffee)

5 Chris mag heute nichts. Ergänzen Sie *kein-* im Akkusativ.

1 Möchtest du einen Tee? – Nein, danke, ich mag *keinen Tee*.
2 Nimmst du auch ein Ei? – Nein, danke, ich esse _____.
3 Isst du denn eine Suppe? – Nein, danke, ich möchte _____.
4 Möchtest du einen Burger? – Nein, danke, ich mag jetzt _____.
5 Nimmst du denn einen Salat? – Nein, danke, ich möchte auch _____.

6 Im Deutschkurs. Ergänzen Sie die Sätze mit definiten Artikeln im Akkusativ.

1 Schreibt bitte *den Satz*!   (● Satz)
2 Samira, lies bitte _____!   (● Antwort)
3 Marco, wiederhole bitte _____!   (● Wort)
4 Lernt bitte _____ bis Dienstag!   (● Vokabeln)
5 Unterstreicht bitte _____!   (● Artikel)
6 Hört bitte _____ noch einmal!   (● Dialog)

7 Was brauchen Sie im Kurs? Schreiben Sie eine Liste mit den indefiniten Artikeln im Akkusativ.

einen Stift,

20 Ich nehme den Computer.
Verben mit Ergänzung: Akkusativ

ENTDECKEN

A Tim kauft einen Computer. Lesen Sie die Nachrichten und unterstreichen Sie die Verben.

B Lesen Sie A noch einmal und ergänzen Sie.

	2 Verb	Akkusativobjekt
Ich	....	den Computer.
Ich	....	die Tasche.
Wir	....	eine Maus.
Er	möchte	den Drucker.
Wir	kaufen	einen USB-Stick.
Der Junge	sucht	kein Notebook.

C Verben mit Akkusativ. Lesen Sie.

- Die meisten Verben haben ein Subjekt, ein Verb und ein Objekt. Das Verb ist auf Position 2.
- Nach *haben, nehmen, holen, möchten, …* steht das Objekt im Akkusativ.
- Objekte sind Pronomen oder Nomen mit definitem / indefinitem Artikel. Endungen siehe 19.

! Das Verb zeigt, ob der Akkusativ oder der Dativ steht. Tipp: Bei den meisten Verben steht der Akkusativ: *haben, nehmen, kaufen, suchen, möchten, brauchen, …*

ÜBEN

1 Verben mit Akkusativ. Sortieren Sie die Buchstaben und schreiben Sie.

| ben | len | ~~es~~ | ha | su | ho | trin | ~~sen~~ | chen | stel | len | ken |

essen ....
.... | + Akkusativ

2 Ergänzen Sie im Kreuzworträtsel die Infinitive der unterstrichenen Verben.
Wie heißt das Zauberwort? Ergänzen Sie die Buchstaben aus den orangenen Kästchen.

☞ 3 Möchten Sie den braunen Mantel? – Nein, ich möchte den Mantel in Schwarz.
5 Brauchst du den Drucker noch? – Nein, danke.
6 Ich finde den Schlüssel nicht. – Hier ist er doch.
7 Nimmt sie den Aufzug? – Ja, sie hat eine Koffer.

☞ 1 Da ist er doch! – Also, ich sehe den Jungen nicht.
2 Ich liebe meinen Vater. – Ich auch.
4 Mietet oder kauft ihr? – Wir kaufen die Wohnung.

Zauberwort: A _ K _ _ _ _ V

3 ³M Ö C H T E N

3 Schreiben Sie 6 Sätze mit dem indefiniten Artikel im Akkusativ.

ich		• Pullover
du	kaufen	• Jacke
er	nehmen	• Hose
sie	suchen	• Kleid
wir	haben	• Tasche
ihr	brauchen	• Mantel
sie		• Schuhe

Ich kaufe einen Pullover.

4 Tor! Ordnen Sie zu.

1 Sie ⛵ einen Job bei Siemens.
2 Ihr ⛵ das Smartphone.
3 Tim und Nina ⛵ ein Haus in Berlin.
4 Wir ⛵ den Autoschlüssel.
5 Ich ⛵ noch einen Drucker.

⚽ kaufen ⚽ brauche
⚽ hat   ⚽ suchen
⚽ nehmt

5 Was brauchen Sie? Was möchten Sie? Schreiben Sie 4 Sätze.

brauchen *Ich brauche ein Fahrrad.*

möchten   *Ich möchte einen Hund.*

21 Die Boutique gehört einem Freund.
Dativ

ENTDECKEN

A Lustige Selfies. Ordnen Sie zu und unterstreichen Sie *dem* und *einem*.

1 ..... Shoppen mit Sarah und Emilie.
   Die Boutique gehört einem Freund.
2 ..... Cool, wir fahren mit dem Taxi!

B Lesen Sie A noch einmal und ergänzen Sie.

Dativ				
		definiter Artikel	indefiniter Artikel	
• maskulin	dem	Freund	....	Freund
• neutral	....	Taxi	ein**em**	Taxi
• feminin	d**er**	Boutique	ein**er**	Boutique
• Plural	de**n**	Freunde**n**	---	Freunde**n**

	2 Verb	Dativ (Wem?)
Das	gehört	einem Freund.
Das Auto	gefällt	meiner Chefin.
Er	hilft	keinem Schüler.

C Dativ. Lesen Sie.

- Nach den Verben *gehören, helfen, gefallen, ...* und der Präposition *mit* steht das Objekt im Dativ.
- Nomen in Objekt-Position stehen für Menschen oder Dinge.
- Achtung! Artikel: maskulin: *der → dem, ein → einem*   feminin: *die → der, eine → einer*
                    neutral: *das → dem, ein → einem*   Plural: *die → den*
- *ein-, mein-* und *kein-* haben im Singular die gleichen Endungen.

ÜBEN

1 Ergänzen Sie die Artikel im Dativ.

•	mit *dem* Bus	mit *einem* Bus	mit .... Bus	mit .... Bus
•	mit .... Taxi	mit .... Taxi	mit *meinem* Taxi	mit .... Taxi
•	mit .... U-Bahn	mit .... U-Bahn	mit .... U-Bahn	mit *keiner* U-Bahn

2 Ergänzen Sie die Sätze.

1. ● S-Bahn   Ich fahre gerne *mit der S-Bahn.*
2. ● Straßenbahn   Ich fahre gerne _____.
3. ● Fahrrad   Ich fahre gerne _____.
4. ● Auto   Ich fahre gerne _____.
5. ● Motorrad   Ich fahre gerne _____.
6. ● Zug   Ich fahre gerne _____.

3 Sind die unterstrichenen Artikel definit oder indefinit? Ordnen Sie zu.

▼ Was machst du am Wochenende?
■ Ich helfe einem Freund im Garten.

◆ Gehst du zu Fuß?
○ Nein, ich fahre mit dem Bus.

definite

indefinite

◆ Wem gehört das iPad?
○ Das gehört einer Freundin.

▼ Ist das dein Smartphone?
■ Nein, es gehört dem Lehrer.

4 Ergänzen Sie mit *ein-* im Dativ.

1. Fährst du alleine in Urlaub? – Nein, mit *einer Freundin* (● Freundin).
2. Geht ihr mit den Kindern in den Biergarten? – Nein, mit _____ (● Freunden).
3. Nimmst du den Zug? – Nein, ich komme mit _____ (● Mietauto).
4. Lernst du alleine für die Prüfung? – Nein, mit _____ (● Freund).
5. Fährst du mit deinem Chef? – Nein, mit _____ (● Kollegin).

5 Ergänzen Sie mit *mein-* im Dativ.

Das iPad gehört (1) *meiner Freundin* (● Freundin). Die Maus gehört (2) _____ (● Bruder). Der Laptop gehört (3) _____ (● Schwester). Der Drucker gehört (4) _____ (● Vater). Der Schreibtisch gehört (5) _____ (● Mutter). Das Buch gehört (6) _____ (● Lehrer). Der USB-Stick gehört (7) _____ (● Kollegin).

6 Ergänzen Sie mit *mein-* im Dativ.

1. Was machst du? – Ich helfe *meinem Vater* im Garten (● Vater).
2. Hast du heute Zeit? – Nein, ich helfe _____ bei den Hausaufgaben (● Schwester).
3. Kommst du jetzt? – Das geht nicht. Ich muss doch _____ helfen (● Bruder).
4. Haben Sie denn Zeit? – Leider nein. Ich bin im Büro und helfe _____ (● Chef).

7 Wie kommen Sie und Ihre Mitschüler zum Deutschkurs? Benutzen Sie *mit*.

mit dem Auto, _____

22 Die Pizza schmeckt der Frau.
Verben mit Ergänzung: Dativ

ENTDECKEN

A Ordnen Sie zu.

www.gut-essen.de

Mmhh, …

1 _B_ das Bier schmeckt dem Mann!
2 ___ die Limonade schmeckt dem Kind!
3 ___ die Pizza schmeckt der Frau!

B Lesen Sie A noch einmal und ergänzen Sie.

	2 Verb	Dativobjekt
Das Bier		dem Mann.
Die Wohnung	gefällt	der Frau.
Ich	helfe	einer Nachbarin.
Ich	danke	meinem Freund.
Das Essen	schmeckt	keinem Gast.

C Verben mit Dativ. Lesen Sie.

- Die meisten Verben haben ein Subjekt, ein Verb und ein Objekt. Das Verb ist auf Position 2.
- Nach *danken, gehören, gefallen, helfen, …* steht das Objekt im Dativ.
- Objekte sind Pronomen oder Nomen mit definitem / indefinitem Artikel. Endungen siehe 21.

! Das Verb zeigt, ob der Akkusativ oder der Dativ steht. Tipp: Es gibt nicht viele Verben mit Dativ, zum Beispiel *gehören, gefallen, …* Lernen Sie diese Verben!

ÜBEN

1 Unterstreichen Sie die Verben *gehören, gefallen, helfen* und *danken*.

1 Ist das dein Smartphone. – Nein, es <u>gehört</u> meinem Bruder.
2 Der Deutschkurs gefällt dem Mädchen nicht. – Oh, das tut mir leid.
3 Hat Martin denn Zeit? – Nein, er hilft dem Großvater.
4 Gefallen deiner Mutter die Blumen? – Ja, sehr.
5 Wir danken dir. – Gerne.

2 Schreiben Sie Sätze.

1 • Frau / helfen / • Großvater — *Die Frau hilft dem Großvater.*
2 • Chef / danken / • Kollegin
3 • Auto / gehören / • Freund
4 • Pizza / schmecken / • Kind
5 • Haus / gehören / • Chefin
6 • Kind / helfen / • Mann

3 Akkusativ oder Dativ? Ordnen Sie zu.

a danken
b lieben
c gehören
d gefallen
e nehmen
f kaufen
g helfen
h schmecken
i brauchen
j suchen

1 Akkusativ

2 Dativ

4 Singular oder Plural? Schreiben Sie Sätze.

der Mercedes das Haus die Wohnungen die Stadt die Bücher die Pizza die Äpfel die Brötchen	*Singular Plural* gehört/gehören gefällt/gefallen schmeckt/schmecken	dem Lehrer der Chefin der Frau dem Mann der Großmutter der Kollegin

Singular
Der Mercedes gehört der Chefin.

Plural
Die Äpfel schmecken der Großmutter.

5 Wem möchten Sie heute helfen? Schreiben Sie 5 Sätze.

Ich helfe meiner Mutter.

23 Er ist zu klein.
Personalpronomen Nominativ

ENTDECKEN

A Lesen Sie und unterstreichen Sie *er*, *es* und *sie*. Dann ergänzen Sie.

- der Stuhl → *er*
- das Bett → ....
- die Lampe → ....

Besser wohnen

Mann, ist der Stuhl hässlich! Und er ist viel zu klein.
Ich finde das Bett nicht schlecht. Aber es ist zu kurz.
Die Lampe ist sehr schön. Und sie kostet nur 95 €.

B Lesen Sie A noch einmal und ergänzen Sie.

• maskulin	*Der Stuhl* ist super!	→ Ja, aber er kostet 250 €.
• neutral	.... ist nicht schlecht.	→ Stimmt, aber es ist zu kurz.
• feminin	.... ist sehr schön.	→ Und sie ist günstig!
• Plural	Was kosten denn die Stühle?	→ Nicht viel, sie kosten nur 48 €.

C Personalpronomen. Lesen Sie.

- *er*, *es*, *sie* stehen für Menschen, Tiere oder Dinge:
  er = der Mann, der Hund, der Stuhl / *es* = das Kind, das Pferd, das Auto
  sie = die Frau, die Katze, die Lampe / *sie* = die Stühle, die Kinder, die Katzen

ÜBEN

1 Ordnen Sie zu.

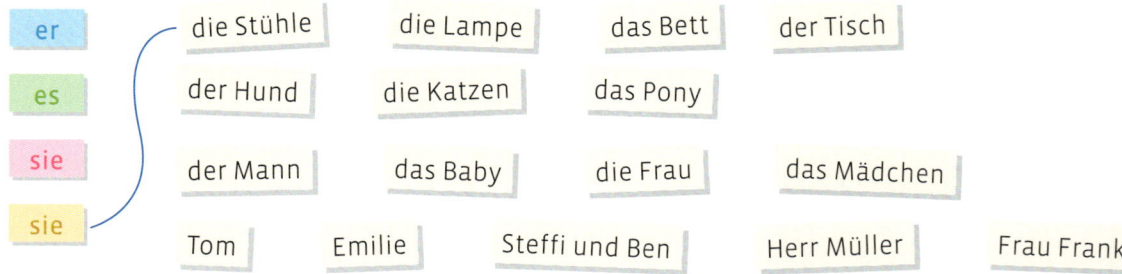

2 Ordnen Sie zu.

1. Kommen die Möbel aus Spanien? — b
2. Der Teppich ist aber günstig! — c
3. Was kostet denn das Sofa? — d
4. Die Kamera ist aber klein! — a

a Ja, ein Sonderangebot. Normal kostet er 399 €.
b Nein, sie kommen aus Italien.
c Ja, aber sie ist super!
d Es kostet nur 280 €.

3 er, es oder sie? Was ist richtig? Unterstreichen Sie.

1. Was kostet denn der Drucker? – <u>Er</u> / Es / Sie kostet 125 €.
2. Gut, die Couch nehme ich. – Ja, er / es / <u>sie</u> ist super!
3. Woher kommt das Smartphone? – Er / <u>Es</u> / Sie kommt aus Japan.
4. Ist die Firma in Berlin? – Nein, er / es / <u>sie</u> ist in Hamburg.
5. Was kostet der Teppich? – <u>Er</u> / Es / Sie kostet nur 29,90 €.
6. Wie ist das Apartment? – Super! Und er / <u>es</u> / sie ist richtig groß.

4 er, es oder sie? Ergänzen Sie.

1. Und die Kamera? Was kostet _sie_?
2. Wow! Die Couch ist cool! Ist ____ wirklich so teuer?
3. Der Drucker kommt aus Japan. Und der Laptop? Woher kommt ____?
4. Wo ist denn die Firma? Ist ____ in Berlin?
5. Und das Fahrrad? Was kostet ____ denn?
6. Der Tisch ist sehr schön! Kommt ____ auch aus Italien?
7. Wo ist die Uhr denn? Ich finde ____ nicht.

5 Schreiben Sie Fragen. Dann ergänzen Sie die Antworten mit er, es oder sie.

1. _Was kostet der Schrank?_ – Der Schrank? _Er_ kostet 330 €.
2. _____ – Meine Firma? ____ ist in Berlin.
3. _____ – Der Drucker hier? ____ kommt aus China.
4. _____ – Das Apartment? Super! ____ ist wirklich groß.

6 Ergänzen Sie die Nachricht.

billig praktisch groß weiß

Hi Laura,
ich bin bei *Living* in Berlin.
Wie findest du die Couch? Super! Oder?

Sie ist ____ und ____.
Und der Tisch ist cool, oder?

Er ist ____ und ____.
Eliana

24 Ich liebe dich.
Personalpronomen im Akkusativ

ENTDECKEN

A Lesen Sie und unterstreichen Sie die Personalpronomen für Jonas.

> Das ist Laura. Sie ist meine Mutter. Ich liebe sie.
> Das ist Jonas. Er ist mein Vater. Ich liebe ihn.

B Lesen Sie A noch einmal und ergänzen Sie.

	Singular	Plural
1. Person	Sie liebt mich.	Er liebt uns.
2. Person	Ich liebe dich. Ich liebe Sie.	Ich liebe euch. Ich liebe Sie.
3. Person	Ich liebe ihn. Ich liebe es. Ich liebe sie.	Ich liebe sie.

Nominativ	ich	du	er	es	sie	wir	ihr	Sie	sie
Akkusativ	mich	dich	___	es	___	uns	euch	Sie	sie

C Personalpronomen im Akkusativ. Lesen Sie.

- Nach den Verben *lieben, haben, brauchen, kennen, …* stehen die Personalpronomen im Akkusativ.
- *er, es* und *sie* stehen für Menschen, Tiere oder Dinge.

ÜBEN

1 Verbinden Sie die Nomen und Pronomen.

1 Ist das dein Vater? – Ja, ich liebe ihn.
2 Und ist das dein Bruder? – Ja, kennst du ihn?
3 Ist das deine Mutter? – Ja, ich liebe sie.

2 *ihn, sie* oder *es*? Ergänzen Sie.

1 Wartet Carla schon im Fitness-Studio? – Ja, wir holen *sie* ab.
2 Hat David Fieber? – Ja, wir bringen ___ zum Arzt.
3 Kommt Sara auch? – Ja, ich sehe ___ schon.
4 Das Auto ist doch super, oder? – Ja, ich habe ___ schon seit zwei Jahren.
5 Dein Freund ist sehr nett! – Ja, ich liebe ___.

3 *Sie* oder *dich*? Formell 👔 oder informell 👕? Ergänzen Sie.

1 Er kennt *Sie* 👔.   2 Ich brauche ___ 👕.   3 Ich verstehe ___ 👔.   4 Wir sehen ___ 👔.

4 *dich* oder *euch*? Was ist richtig? Unterstreichen Sie.

1. Liebe Mama, lieber Papa,
ich komme am Wochenende.
Ich liebe *dich* / *euch*.
Laura

2. Lieber Paul,
bist du schon am Bahnhof?
Ich hole *dich* / *euch* ab.
Martha

3. Liebe Carla,
okay, ich rufe *dich* / *euch* an.
Bis morgen.
Tim

4. Hi Emilia, hallo Jan,
zum Flughafen? Ja, klar.
Ich bringe *dich* / *euch*.
Ben

5 Am Handy. *mich* oder *uns*? Ergänzen Sie.

1. Du, Paul! Verstehst du *mich*?
– Ja, ich verstehe dich.
2. Wo seid ihr denn? – Wir sind hier, auf der Straße. Siehst du _____?
3. Liebst du _____? – Ja, ich liebe dich.
4. Wir warten. Holst du _____ ab? – Ja, gerne.

6 Schreiben Sie die Sätze mit Pronomen.

1. David ist krank. – *Dann bringen wir ihn zum Arzt.* (Dann bringen wir David zum Arzt.)
2. Liebst du deine Kinder? – _____ (Ja, ich liebe meine Kinder sehr.)
3. Müssen Jan und Ben ins Büro kommen? – _____ (Ja, wir brauchen Jan und Ben.)
4. Die Tür ist noch auf. – _____ (Okay, ich mache die Tür zu.)
5. Wie heißt der Mann da? – _____ (Ich kenne den Mann nicht.)

7 Schreiben Sie auf Deutsch und in Ihrer Sprache.

Deutsch	Englisch	Meine Sprache
	He loves me. He loves me not.	

8 Wen oder was lieben Sie? Schreiben Sie 3 Sätze.

• Freund • Frau • Auto • Haus • Freundin • Mutter • Vater • Kind • Job

Meinen Freund? Ja, ich liebe ihn.

25 Gefällt mir.
Personalpronomen im Dativ

ENTDECKEN

A Lesen Sie das Gedicht. Dann verbinden Sie die Likes.

Gefällt uns
Ich mag München.
Du liebst Wien.
Und wir wohnen gerne in Berlin.

Du magst die Berge.
Ich liebe die Sonne und den Strand.
Und wir leben gerne auf dem Land.

👍 Gefällt mir.
👍 Gefällt dir.
👍 Gefällt uns.

B Lesen Sie A noch einmal und ergänzen Sie.

	Singular	Plural
1. Person	Berlin gefällt mir.	Berlin gefällt uns.
2. Person	Berlin gefällt dir. Berlin gefällt Ihnen.	Berlin gefällt euch. Berlin gefällt Ihnen.
3. Person	Berlin gefällt ihm. Berlin gefällt ihm. Berlin gefällt ihr.	Berlin gefällt ihnen.

Nominativ	ich	du	er	es	sie	wir	ihr	sie	Sie
Akkusativ	mich	dich	ihn	es	sie	uns	euch	sie	Sie
Dativ	....	....	ihm	ihm	ihr	....	euch	ihnen	Ihnen

C Personalpronomen im Dativ. Lesen Sie.

- Nach den Verben *gefallen, helfen, gehören, danken, gehen (Wie geht es dir?)*, … stehen die Personalpronomen im Dativ.
- *er, es* und *sie* stehen für Menschen, Tiere oder Dinge.

ÜBEN

1 Ordnen Sie zu und übersetzen Sie in Ihre Sprache.

Deutsch	Englisch	Meine Sprache
uns ihnen ihm ihr mir	me her him us them	....

2 ihm oder ihr? Was ist richtig? Unterstreichen Sie.

1 Cathy wohnt in der Schweiz. Zürich gefällt *ihm* / *ihr*.
2 Wo macht Alexandra Urlaub? – In Frankreich. *Ihm* / *Ihr* gefallen die Cafés.
3 Wo bist du? – Bei Opa. Ich helfe *ihm* / *ihr* im Garten.
4 Und das Baby? – Kein Problem. Es geht *ihm* / *ihr* gut.

3 uns oder euch? Ergänzen Sie.

1 Der Test ist nicht leicht. – Ja, wir haben Probleme. Aber mein Freund hilft *uns*.
2 Ihr seid neu in München, oder? Wie gefällt es _____? – Wir finden es toll.
3 Ihr habt uns sehr geholfen. Wir danken _____. – Bitte.
4 Du, Jan! Das Tablet gehört _____. Wir haben es gekauft. – Ja, ich weiß.

4 Ergänzen Sie.

ihr Ihnen euch ~~uns~~ mir ihnen ihm dir

1 Wo wohnt ihr? – Wir wohnen in Kreuzberg. Die Cafés und die Kneipen gefallen *uns*.
2 Hallo, ihr beiden! Wie geht's _____ denn? – Uns geht's gut. Danke.
3 Du, Eliana! Ist das dein Smartphone? – Nein, das gehört _____ nicht.
4 Dein Vater hat dir Geld geschickt. – Super! Ich schreibe gleich eine SMS und danke _____.
5 Guten Tag, Herr Braun. Kann ich _____ helfen? – Ja, ich suche Frau Hansen.
6 Paul und Emma ziehen um. – Wirklich? Du, ich habe Zeit. Ich helfe _____.
7 Und wie geht's _____? – Naja, so lala.
8 Sie wohnt doch jetzt in Berlin, oder? – Ja, und es gefällt _____.

5 Markieren Sie die Personalpronomen. Dann ergänzen Sie.

vier(dir)keinfünfmirregnenihmsingenfahrenIhnendankemirsomirklardirwasmirdirsechsmir

1 Wie geht's *dir* denn so? – Es geht _____ gut.
2 Und was macht er? Arbeitet er wieder? – Ja, es geht _____ schon besser.
3 Kann ich _____ helfen, Frau Müller? – Ja, gerne.
4 Kannst du _____ bei den Hausaufgaben helfen? – Aber ja!
5 Hilf _____ doch mal! – Mach ich!
6 Ich danke _____ sehr, Emma. – Gerne.
7 Das Smartphone gehört _____. – Wirklich? Nina hat auch so ein Smartphone!
8 Gefällt es _____ hier? – Naja, das Hotel gefällt _____ nicht so.

6 Wo möchten Sie wohnen? Und Ihre Frau / Ihr Mann / Ihre Freunde? Schreiben Sie 3 Sätze.

Ich möchte in Spanien leben. Spanien gefällt mir.

26 Nichts geht mehr!
Indefinitpronomen

ENTDECKEN

A Mein Wochenende in Monte Carlo. Ordnen Sie zu.

Alles oder nichts! 1 ....
Nichts geht mehr! 2 ....

B Lesen Sie A noch einmal und ergänzen Sie.

alles ↔ nichts etwas ↔ nichts	.... oder nichts! Noch etwas Kaffee oder Wasser? – Nein, danke, für mich	
mehr	Möchten Sie noch mehr Kaffee?	
man	Wie schreibt man das? Man kann die Tickets auch hier kaufen.	man + Verb in der er-Form!

C Indefinitpronomen. Lesen Sie.

- *alles* = 100 %
- *nichts* = 0 %
- *mehr* = geht über eine definierte Menge hinaus
- *man* = eine Person, nicht definiert
- *etwas* = nicht definierte Menge

ÜBEN

1 *alles* ☺ oder *nichts* ☹? Ergänzen Sie.

1 Versteht er denn *alles* ☺? – Nein, ich glaube, er versteht .... ☹.
2 Spielst du Lotto? – Nein, da kann man doch .... ☹ gewinnen.
3 Und wie ist das Buch? – Cool! Hier steht .... ☺ über Berlin.
4 Geht das automatisch? – Ja, du musst .... ☹ machen.

2 Emmas Kühlschrank. *etwas* oder *nichts*? Was ist richtig? Unterstreichen Sie.

Ich habe ein bisschen Hunger und ich möchte (1) *nichts / etwas* essen. Aber im Kühlschrank ist (2) *nichts / etwas*. Gestern habe ich noch (3) *nichts / etwas* Brot und Butter gekauft. Aber keine Wurst und auch keinen Käse, denn das ist teuer. Und in unserer Kasse ist kein Geld. Absolut (4) *nichts / etwas*! Und ohne Geld kann man ja (5) *nichts / etwas* kaufen.
Ich besuche jetzt mal Tom. Vielleicht hat er (6) *nichts / etwas* zu essen und zu trinken.

3 Immer mehr. Schreiben Sie 4 Sätze mit *mehr*.

Arbeit ~~Geld~~ Wohnungen Urlaub Zeit

Wir brauchen mehr Geld.

4 *mehr* oder *nichts*? Ergänzen Sie.

1 Ich habe keinen Wein *mehr*. – Kein Problem. Hier ist noch eine Flasche.
2 Gibt's noch Milch? – Nein, im Kühlschrank ist _____.
3 Noch etwas Gemüse? – Nein, danke, für mich _____.
4 Gibt es denn keinen Kaffee _____? – Doch, Kaffee gibt es noch.

5 Ergänzen Sie die Sätze mit *man*.

den Eifelturm sehen   das Brandenburger Tor sehen   ~~das Oktoberfest besuchen~~
das Schloss Belvedere besichtigen

1 In München *kann man das Oktoberfest besuchen.*
2 In Berlin _____
3 In Wien _____
4 In Paris _____

6 Ergänzen Sie.

1 Hast du *alles*? – Ja.
2 Hier kaufe ich _____. – Ich auch nicht, das ist zu teuer.
3 Könnten Sie _____ langsamer sprechen? – Aber ja.
4 Der Kurs ist voll. Es gibt keine Plätze _____. – Ja, ich weiß.
5 Wie schreibt _____ das? – Ich buchstabiere: S-C-H-M-I-D-T.

7 Was kann man in Ihrer Heimatstadt alles machen? Schreiben Sie 3 Sätze mit *man*.

Man kann ins Theater gehen.

27 Die Studentin kommt aus Nigeria.

Definiter und indefiniter Artikel

ENTDECKEN

A Meine Universität. Ordnen Sie zu.

1 _C_ Die Studentin hier kommt aus Nigeria. Sie heißt Rose.
2 ...... Es gibt viele Studenten in Heidelberg. Das hier ist eine Studentin.
3 ...... Ich studiere in Heidelberg. Und das ist die Bibliothek.

A

B

C

B Lesen Sie A noch einmal und ergänzen Sie.

	Nominativ	Akkusativ
• maskulin	der ein Professor	d**en** ein**en** Professor
• neutral	das ein Buch	das ein Buch
• feminin	.... Studentin	die ein**e** Studentin
• Plural	die --- Studenten	die --- Studenten

C Definite und indefinite Artikel. Lesen Sie.

- Artikel stehen vor Nomen.
- Definite Artikel = bestimmte Person / bestimmtes Ding: *der, das, die*.
- Indefinite Artikel = unbestimmte Person / unbestimmtes Ding: *ein, eine*.

ÜBEN

1 Sind die Artikel definit oder indefinit? Ordnen Sie zu.

▼ Ist das *ein* Freund?
■ Nein, das ist *ein* Kollege.

◆ Gehst du ins Stadion?
○ Ja, *das* Spiel fängt gleich an.

◆ Wann kann ich *den* Schrank abholen?
○ Morgen. Dann ist er auch fertig.

▼ Möchten Sie *einen* Kaffee?
■ Ja, gerne.

definit

indefinit

2 Ergänzen Sie die definiten Artikel im Nominativ.

1 *Die* Lampe ist von Ikea. Sie kostet 19 Euro.   2 _____ Tisch ist auch günstig. Er kostet nur 29 Euro.   3 _____ Couch ist vom XXL-Markt. Sie kostet wenig.   4 _____ Regal ist sehr modern. Es kostet 49 Euro.   5 _____ Teppich ist von Oma. Er kostet nichts.

3 Im Geschäft. Ergänzen Sie *ein-* im Akkusativ.

1 Guten Tag. – Guten Tag. Ich brauche *einen* ● Laptop.
2 Hallo! – Hallo! Ich hätte gerne _____ ● Drucker.
3 Guten Morgen. – Guten Morgen. Könnten Sie mir _____ ● Smartphone empfehlen?
4 Guten Abend. – Guten Abend. Ich möchte gerne _____ ● Kamera.

4 *ein-* oder *der, das, die?* Ergänzen Sie.

1 Ich kaufe jede Woche *ein* ● T-Shirt. – Ich auch. Aber *das* ● T-Shirt muss billig sein.
2 Ich brauche _____ ● Jacke für den Winter. _____ ● Jacke muss warm sein. – Ja, und bequem.
3 Brauchst du noch _____ ● Hemd? – Ja, _____ ● Hemd hier finde ich cool.
4 Ich möchte gerne _____ ● Mantel und _____ ● Sweatshirt. – _____ ● Sweatshirt in L oder XL?

5 Ein Verkäufer spricht mit einem Kunden. Ergänzen Sie.

die – das ~~ein~~ ein der ein die ein eine

1 Das hier ist *ein* ● Laptop. Und das ist _____ ● Tablet. _____ ● Laptop ist wirklich sehr leicht.
2 Klar, wir haben auch _____ ● USB-Sticks. _____ ● USB-Sticks hier haben vier Gigabyte.
3 Das hier ist _____ ● Tablet und das ist _____ ● Notebook. Also, _____ ● Tablet ist viel dünner.
4 Sie suchen _____ ● Kamera? Nehmen Sie doch _____ ● Kamera hier. Die ist günstig.

6 Im Restaurant. *einen, ein, eine* oder *den, das, die?* Ergänzen Sie.

Emma: Ich möchte bitte (1) *einen* Hamburger und (2) _____ Cola.
Paul: Und ich nehme (3) _____ Käsebrötchen und (4) _____ Mineralwasser.
Paul: Zahlen bitte!
Kellner: Zusammen?
Emma: Nein, ich zahle (5) _____ Hamburger und (6) _____ Cola.
Paul: Und ich (7) _____ Käsebrötchen und (8) _____ Mineralwasser.

7 Was möchten Sie über Ihre Nachbarn wissen? Schreiben Sie 5 Fragen mit *ein-*.

Hast du ein Auto?

28 Nein, das ist auch kein Baum.
Indefiniter Artikel und Negativartikel

ENTDECKEN

A Die *Was ist das?*–App. Lesen Sie und ergänzen Sie die Smileys.

ich: Was ist das?
Laura: Das ist *ein* Bleistift. ☺

ich: Nein, das ist *kein* Bleistift. ☹
Laura: Ist das *ein* Baum? ___

ich: Nein, das ist auch *kein* Baum. ___
Laura: Ah, das ist *eine* Lampe. ___

ich: Ja, *eine* Lampe. ___

B Lesen Sie A noch einmal und ergänzen Sie.

	Nominativ		Akkusativ	
● maskulin	___	___ Baum	ein**en**	kein**en** Baum
● neutral	ein	kein Bett	ein	kein Bett
● feminin	___	kein**e** Lampe	ein**e**	kein**e** Lampe
● Plural	---	kein**e** Lampen	---	kein**e** Lampen

C Indefiniter Artikel und Negativartikel. Lesen Sie.

- *kein-* steht vor dem Nomen und macht es negativ: *kein Auto* ☹.
- *ein-* und *kein-* haben im Singular die gleichen Endungen.
- Im Plural gibt es keinen Artikel für *ein-*: *Haben Sie auch Lampen?*

ÜBEN

1 Ergänzen Sie die Farben.

● ein   ○ ein   ○ eine   ○ kein   ● kein   ○ keine

2 *ein-* ☺ oder *kein-* ☹? Ergänzen Sie.

1 *ein* ● Bleistift ☺
2 *kein* ● Heft ☹
3 ___ ● Deutschkurs ☹
4 ___ ● Buch ☹
5 ___ ● Text ☺
6 ___ ● Tafel ☺
7 ___ ● Übungen ☹
8 ___ ● Lehrerin ☹
9 ___ ● Aufgaben ☺

3 Ordnen Sie zu.

Das ist ein Auto.   Das ist kein Tisch.   Das ist eine Uhr.   ~~Das ist ein Tisch.~~
Das ist kein Auto.   Das ist keine Uhr.

1 _Das ist ein Tisch._
2 ....
3 ....
4 ....
5 ....
6 ....

4 *ein-* oder *kein-*? Schreiben Sie Fragen und Antworten.

1 • Stuhl ☺   _Ist das ein Stuhl? – Ja, das ist ein Stuhl._
2 • Lampe ☹   ....
3 • Schrank ☺   ....
4 • Bett ☹   ....

5 Ordnen Sie zu und ergänzen Sie die Endungen im Akkusativ.

1 Kommt sie denn heute?
2 Und wie schmeckt's?
3 Nehmen wir ein Taxi?
4 Möchtest du ein...... Bier oder ein...... Wein?
5 Ist das dein Garten?

a Also, ich mag eigentlich kein...... Fisch.
b Gerne ein...... Bier.
c Nein, ich habe kein...... Garten.
d Ja, es kommen heute kein...... Busse mehr.
e Nein, sie hat kein_e_ Zeit.

6 *ein-* or *kein-*. Ergänzen Sie.

1 Das ist doch _kein_ Hund, oder? – Nein, das ist _eine_ Katze.
2 Was ist das denn? .... Uhr? – Nein, das ist .... Uhr. Das ist .... Fitness-Tracker.
3 Warum kommst du nicht? – Ich habe .... Zeit.
4 Möchtest du .... Vorspeise? – Nein, danke. Ich habe .... Hunger.
5 Ist heute denn Deutschkurs? – Nein, heute ist .... Deutschkurs.

7 Schreiben Sie 3 Sätze über lustige Dinge / Personen.

Das ist doch kein Schlafzimmer, das ist eine Garage.
....
....

D

29 Ich habe immer Orangensaft im Kühlschrank.
Nullartikel

ENTDECKEN

A Lesen Sie den Blog. Was brauchen Sie für einen Smoothie? Unterstreichen Sie.

Mein Detox-Programm

Das ist mein super Detox-Smoothie. Er ist gesund und lecker!
Ich habe natürlich immer Orangensaft und Eis im Kühlschrank. Dann brauche ich noch Obst für meinen Lieblings-Smoothie: Bananen, Äpfel und Zitronen …

B Lesen Sie A noch einmal und ergänzen Sie.

| Ich habe immer | den _____ |
| Ich habe auch immer | das Eis. |

| Dann brauche ich noch | das _____ |
| Hast du | die Äpfel? |

C Nullartikel. Lesen Sie.

- Es gibt einen Artikel: Die Menge ist definiert. / Man zeigt auf ein bestimmtes Ding.
- Kein Artikel = Nullartikel: Die Menge ist nicht definiert.

ÜBEN

1 Sind die unterstrichenen Nomen definiert oder nicht? Ordnen Sie zu.

▼ Hast du Geld?
■ Nein, aber ich nehme die Kreditkarte mit.

◆ Kannst du mir bitte das Salz geben?
○ Ja, hier bitte.

◆ Brauchen wir Salz?
○ Nein, Salz haben wir.
▼ Was? Achttausend Euro!
■ Ja, ich brauche das Geld für das neue Auto.

definiert

nicht definiert

2 Artikel oder kein Artikel? Ergänzen Sie.

definiert	nicht definiert
1 Wir brauchen *das* Geld.	3 Hast du _____ Geld?
2 Was kostet _____ Obst?	4 Ich habe _____ Obst für den Nachtisch.

3 Markieren Sie die Pluralformen.

(BANANEN)TOMATENEIERORANGENMÖHRENKARTOFFELN

4 Essen. Ergänzen Sie.

1 Was brauchst du für den Salat? (Tomate / Öl) – Ich brauche *Tomaten und Öl.*
2 Was kommt in den Smoothie? (Banane / Milch) – Ich nehme ___
3 Was hat er denn gekauft? (Ei / Schinken) – Ich glaube, ___
4 Gibt's auch Gemüse zum Fleisch? (Möhre / Kartoffel) – Ja, wir haben noch ___
5 Was nimmst du für den Obstsalat? (Banane / Orange) – Ich nehme ___
6 Was brauchen wir noch? (Salat / Ei) – Wir brauchen nur ___ sind im Kühlschrank.

5 Artikel oder kein Artikel? Ergänzen Sie.

1 Haben wir noch *---* ● Öl? – Nein, leider nicht.
2 *Das* ● Öl von Marco kostet nur 6,99 Euro pro Liter. – Oh, das ist aber billig.
3 Ich kaufe noch ___ ● Bananen und ___ ● Salat. – Okay.
4 Bitte kauf aber ___ ● Salat beim Griechen! Der ist da besser. – Ja, klar.
5 Hast du noch ___ ● Geld? – Nein.
6 ___ ● Geld für das Brot liegt auf dem Tisch. – Danke.
7 Ich mag kein Bier, ich trinke lieber ___ ● Wein. – Ich auch.
8 ___ ● Wein ist von Giovanni. – Ja, der ist super!

6 Suchen Sie die Fehler.

1 Hast du noch ~~das~~ Geld? – Nein, ich muss zur Bank.
2 Brauchen wir auch die Milch? – Ja, bitte kauf zwei Liter.
3 Und was frühstückt ihr gerne? – Die Brötchen mit Marmelade.

7 Ordnen Sie zu und vergleichen Sie. Dann übersetzen Sie in Ihre Sprache.

~~Möchtest du Ketchup?~~   Ich brauche Geld.   Wir essen Toast zum Frühstück.

Deutsch	Englisch	Meine Sprache
Möchtest du Ketchup? ___ ___	I need money. Would you like ketchup? We have toast for breakfast.	

8 Immer, manchmal oder nie? Was ist in Ihrem Kühlschrank? Ergänzen Sie.

Ich habe immer *Milch* ___ im Kühlschrank.
Ich habe manchmal ___ im Kühlschrank.
Ich habe nie ___ im Kühlschrank.

30 Meine Familie, deine Familie
Possessivartikel 1

ENTDECKEN

A Unterstreichen Sie *mein-*.

> Das ist Thomas. Er ist mein Vater.
> Und das ist Michaela. Sie ist meine Mutter.

B Lesen Sie A noch einmal und ergänzen Sie.

	Nominativ		Akkusativ	
• maskulin	_____ Vater	dein Vater	mein**en** Vater	dein**en** Vater
• neutral	mein Kind	dein Kind	mein Kind	dein Kind
• feminin	_____ Mutter	dein**e** Mutter	mein**e** Mutter	dein**e** Mutter
• Plural	mein**e** Eltern	dein**e** Eltern	mein**e** Eltern	dein**e** Eltern

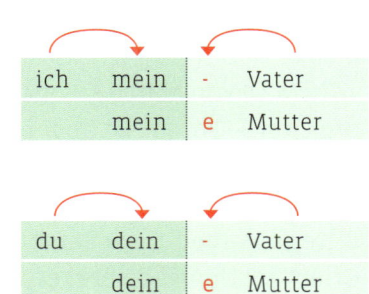

C Possessivartikel. Lesen Sie.

- *mein-* und *dein-* zeigen Zugehörigkeit und Besitz: *Mein Fahrrad = Es gehört mir.*
- Die Endungen im Singular sind wie bei *ein-*.

ÜBEN

1 Vergleichen Sie Deutsch und Englisch. Ergänzen Sie ein *-e*, wo nötig.

der Vater the father	ein Vater a father	mein____ Vater my father	→ •
das Baby the baby	ein Baby a baby	mein____ Baby my baby	→ •
die Tochter the daughter	ein**e** Tochter a daughter	mein____ Tochter my daughter	→ •

2 Untertreichen Sie *mein-* und *dein-*.

1 Wer ist denn das? – Das ist meine Frau.
2 Mae, was sind deine Hobbys? – Surfen und Musik.
3 Und deine Lieblingsfarbe ist …? – Blau.
4 Kommst du? – Ja, Moment. Ich nehme meinen Hund mit.

3 Ergänzen Sie die Tabelle.

- ~~Haus~~ • Mantel • Freundin • Auto

mein-	dein-	ein-	kein-
mein Haus	dein Haus	ein Haus	kein Haus

4 Ergänzen Sie *mein-* 🫴 oder *dein-* 👉.

mein 🫴 Auto _____ 👉 Haus _____ 🫴 Mantel
_____ 👉 Freundin _____ 🫴 Katze

5 *mein-* oder *dein-*? Ergänzen Sie.

1 Das hier bin ich, und das ist _mein_ Vater.
2 Und das bist du, und das ist _____ Kind.
3 Das bist auch du und _____ Mutter.
4 Und das bin wieder ich und das sind _____ Eltern.

6 *mein-* oder *dein-*? Ergänzen Sie.

Hallo, ich heiße Mae. Ich komme aus Kanada.
Und das ist (1) _meine_ Familie. (2) _____ Vater heißt Christian und (3) _____ Mutter heißt Noemi. (4) _____ Oma heißt Hilda und (5) _____ Opa heißt Carl. Und das ist (6) _____ Bruder, Julian. Er wohnt in Schweden. Und (7) _____ Familie? Erzähl doch mal! Wie heißt (8) _____ Vater? Und wie heißt (9) _____ Mutter? Und wo wohnen (10) _____ Großeltern?

7 Ordnen Sie zu und ergänzen Sie die Endungen im Akkusativ.

1 Liebst du dein_e_ Frau?
2 Komm, wir nehmen mein___ Auto!
3 Ich habe dein___ Vater gesehen.
4 Kennst du mein___ Freund?
5 Ich suche mein___ Chef.

a Ach ja! Und wo?
b Ja, sicher. Ich liebe sie sehr.
c Nein, wie heißt er denn?
d Dein Chef ist da hinten.
e Ja, gerne.

8 Schreiben Sie Sätze über Ihre Familie.

Vater _Mein Vater heißt Franz._

Mutter _____

31 Sein Haus, ihr Haus
Possessivartikel 2

ENTDECKEN

A Lesen Sie Vanillas und Tims Blogs. Unterstreichen Sie *ihr-* und *sein-*.

Tim, Samstag, 23. August

Das ist Vanilla. Sie ist sehr nett. Und das ist ihre Wohnung. Ihr Zimmer ist klein, aber sehr schön. Ihre Freunde heißen Carla und Ali. Sie wohnen auch da.

Vanilla, Samstag, 23. August

Das ist Tim. Er ist wirklich cool. Und das ist sein Haus. Wow, sein Garten ist super. So viele Blumen! Und sein Hund heißt Fluffy. Ist der nicht süß!?

B Lesen Sie A noch einmal und ergänzen Sie.

	Nominativ	Akkusativ
● maskulin	.... ihr Garten	seinen ihren Garten
● neutral	sein .... Zimmer	sein ihr Zimmer
● feminin	seine ihre Wohnung	seine ihre Wohnung
● Plural	seine .... Freunde	seine ihre Freunde

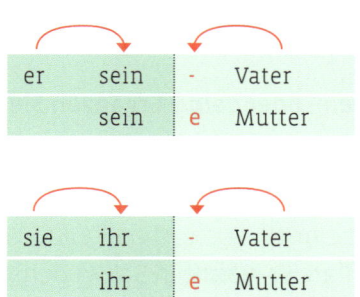

er	sein	-	Vater
	sein	e	Mutter

sie	ihr	-	Vater
	ihr	e	Mutter

C Possessivartikel. Lesen Sie.

- *ihr-* und *sein-* zeigen Zugehörigkeit und Besitz: *Seine Wohnung = Sie gehört ihm.*
- Die Endungen im Singular sind wie bei *ein-*.

ÜBEN

1 Mann ♂ oder Frau ♀? Ergänzen Sie.

1 Wem gehört der Mercedes? – Das ist ihr Auto. ♀
2 Können Sie mir seine Adresse sagen? – Ja, klar. ....
3 Kommt er heute? – Nein, seine Mutter ist krank. ....
4 Sein Bruder arbeitet auch hier. – Ja, ich weiß. ....
5 Sie braucht das Geld aber! – Ja, sie bekommt ihr Geld auch am Ende des Monats. ....

2 Ordnen Sie zu. Dann übersetzen Sie in Ihre Sprache.

Deutsch	Englisch	Meine Sprache
Das ist sein Garten.	This is her friend.	
ihr Auto.	her car.	
ihre Freundin.	his garden.	

3 Ergänzen Sie die Tabelle.

sein Garten   ihr Auto   sein Hund   ihr Bruder   ihre Freunde   sein Haus   seine Adresse
seine Blumen   seine Eltern   ihr Haus   ihr Freund   ihre Katze

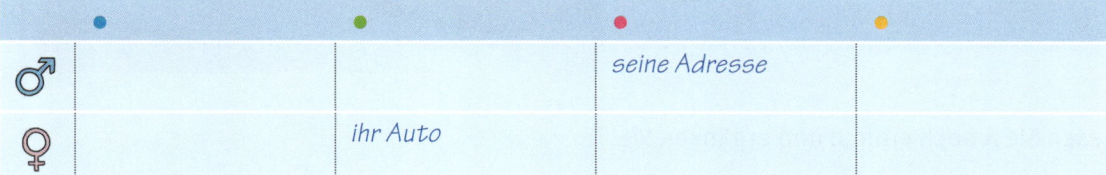

4 Ergänzen Sie *sein-* oder *ihr-*.

Ich kenne …
1 Ben und _seinen_ Hund Karl.
2 Tom und _____ Vater.
3 Emilia und _____ Vater Dave.
4 Lena und _____ Freunde.
5 Max und _____ Mutter.
6 Tim und _____ Brüder.
7 Eva und _____ Freundin.
8 Emilia und _____ Freund.

5 Carla. Lesen Sie und unterstreichen Sie *ihr-* in der richtigen Form.

Das ist Carla. Sie ist 38 Jahre alt und verheiratet. (1) *Ihr* / *Ihre* Mann heißt Tom. (2) *Ihr* / *Ihre* Schwester lebt und arbeitet in Australien. (3) *Ihr* / *Ihre* Bruder wohnt in Berlin. (4) *Ihr* / *Ihre* Haus ist wunderschön. Es ist groß und alt. Und auch (5) *ihr* / *ihre* Garten ist super. (6) *Ihr* / *Ihre* Katze heißt Charlie. Sie ist ganz klein und süß.

6 Schreiben Sie über Marco und benutzen Sie *sein-* in der richtigen Form.

Sein Name ist Marco. Er kommt aus Italien.

Name: Marco, aus Italien
wohnt in Köln, Eltern in Neapel
aber Schwester auch in Köln
Frau: Eva, aus Köln
Kinder: Fabiana und Vittoria

7 Schreiben Sie 3 Sätze über eine Freundin / einen Freund. Benutzen Sie *ihr-* / *sein-*.

Ihre/Seine Kleidung ist cool.

32 Unser Pool, euer Apartment
Possessivartikel 3

ENTDECKEN

A Im Urlaub. Lesen und sortieren Sie.

B Lesen Sie A noch einmal und ergänzen Sie.

	Nominativ		Akkusativ	
• maskulin	.... Pool	euer	unser**en** Pool	eur**en**
• neutral	unser Apartment	....	unser Apartment	euer
• feminin	unser**e** Küche	eur**e**	unser**e** Küche	eur**e**
• Plural	unser**e** Fahrräder	eur**e**	unser**e** Fahrräder	eur**e**

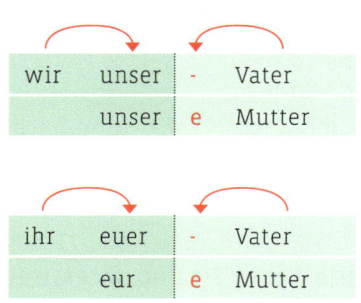

C Possessivartikel. Lesen Sie.

- *unser-* und *euer-* zeigen Zugehörigkeit und Besitz: *Unsere Küche = Sie gehört uns.*
- Achtung! *euer* (maskulin und neutral), aber *eu~~e~~re* (feminin und Plural)
- Die Endungen im Singular sind wie bei *ein-*.

ÜBEN

1 Ordnen Sie zu und vergleichen Sie. Dann übersetzen Sie in Ihre Sprache.

Deutsch	Englisch	Meine Sprache
Das ist unser Pool. unsere Terrasse. euer Apartment.	This is your apartment. our swimming pool. our terrace.	

2 Ergänzen Sie die Tabelle.

~~unser Haus~~   ~~eure Terrasse~~   euer Apartment   euer Pool   unsere Fahrräder
eure Freunde   unser Garten   unsere Familie

	●	●	●	●
wir		*unser Haus*		
ihr			*eure Terrasse*	

3 Streichen Sie das e, wo nötig.

1 eu~e~re Terrasse   3 unsere Garage   5 euer Auto
2 euere Autos   4 euere Küche

4 Im Urlaub. Schreiben Sie Sätze mit *unser-*.

● Garten   ● Haus   ● Terrasse

Das ist unser Garten. _____ _____

5 Fragen. Ergänzen Sie *unser-* und *eu(e)r-*.

1 Sind das *unsere* (wir) Gläser?
2 Ist das *euer* (ihr) Taxi?
3 Was kostet _____ (ihr) Wohnung?
4 Wo ist _____ (ihr) Garten?
5 Ist das _____ (wir) Geld?
6 Sind das denn _____ (wir) Fahrräder?
7 Wie heißt denn _____ (ihr) Lehrer?
8 Kommt da _____ (ihr) Bus?

6 *unser / unsere* oder *euer / eure*? Ergänzen Sie.

1 Wie viele Schüler sind in den Kursen hier? – Also, *unser* Kurs hat zwölf Schüler.
2 Wie alt sind eure Kinder? – _____ Kinder sind neun und sieben.
3 Wie war _____ Flug? – Unser Flug war okay.
4 Und wie ist _____ Terrasse? – Unsere Terrasse ist viel zu klein.

7 Schreiben Sie 3 Sätze mit *unser-* über Ihren Garten und Ihre Freunde.

Garten   *Unser Garten ist groß.* _____

Freunde   _____

33 Dein Team, Ihr Team
Possessivartikel 4

ENTDECKEN

A Lesen Sie die Nachrichten und unterstreichen Sie *dein-* und *Ihr-*.

> Hallo Sarah,
> du hast reserviert. Vielen Dank.
> <u>Dein</u> Mini steht in der Friedrichstraße 12.
>
> Dein AutoDirekt-Team

> Sehr geehrter Herr Frank,
> vielen Dank für Ihre Reservierung.
> Ihr Zimmer ist fertig.
>
> Ihr Team im Hotel Berlin

B Lesen Sie A noch einmal und ergänzen Sie.

	Nominativ		Akkusativ	
• maskulin	_____ Mini	Ihr Mini	dein**en** Mini	Ihr**en** Mini
• neutral	_____ Team	_____ Team	dein Team	Ihr Team
• feminin	dein**e** Reservierung	Ihr**e** Reservierung	dein**e** Reservierung	Ihr**e** Reservierung
• Plural	dein**e** Schlüssel	Ihr**e** Schlüssel	dein**e** Schlüssel	Ihr**e** Schlüssel

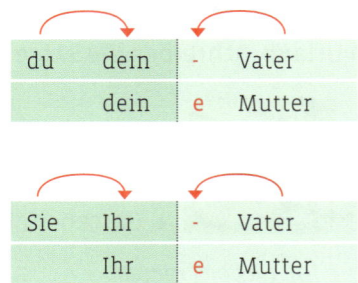

C Possessivartikel. Lesen Sie.

- *dein-* und *Ihr-* zeigen Zugehörigkeit und Besitz: *Deine Schlüssel = Sie gehören dir.*
- dein = informell, Ihr = formell   *Ihr-* formell: Das *I* schreibt man groß.
- Die Endungen im Singular sind wie bei *ein-*.

ÜBEN

1 Formell oder informell ? Ergänzen Sie die Tabelle.

<s>Ihr Team</s>   dein Auto   Ihr Mini   <s>deine Reservierung</s>   Ihre Schlüssel   deine Freunde   dein Ausweis
Ihre Adresse   dein Name   dein Garten   Ihr Lieblingsfilm   Ihre Frau   Ihre Söhne   Ihr Geld
deine Familie   dein Fahrrad   Ihr Ticket   Ihr Beruf

	•	•	•	•
Sie		Ihr Team		
du			deine Reservierung	

2 Ergänzen Sie *f* für formell oder *i* für informell.

1 Hier ist Ihr Ausweis. – Danke. *f*
2 Bitte buchstabieren Sie Ihren Namen. – A-B-E-L, Abel. ___
3 Wo wohnen denn deine Eltern? – In Berlin. ___
4 Ist das dein Sohn? – Ja, klar. ___
5 Was ist dein Lieblingsfilm? – Titanic. ___
6 Was ist Ihr Beruf? – Ich bin IT-Ingenieur. ___

3 Unterstreichen Sie die Possessivartikel und ordnen Sie zu.

1 *B* Ist das <u>Ihr</u> Auto?
2 ___ Ist das dein Freund?
3 ___ Bitte öffnen Sie Ihren Mund!
4 ___ Deine Schuhe sind cool!

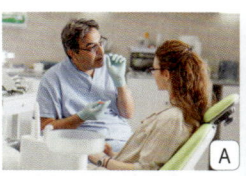 A
 C
 B
 D

4 Viele Fragen. Ergänzen Sie *Ihr-* oder *dein-*.

1 Sie → Ist das *Ihr* Buch?
2 du → Ist das ___ Brille?
3 du → Sind das ___ Kinder?
4 Sie → Ist das ___ Laptop?
5 Sie → Wie ist ___ Name?
6 du → Was ist ___ Beruf?
7 Sie → Wie heißt ___ Katze?
8 du → Sind das ___ Lieblingsfarben?

5 Ergänzen Sie *dein-* im Akkusativ.

1 ● Auto — Ich finde *dein* Auto super!
2 ● Schlüssel — Sie hat ___ Schlüssel.
3 ● Augen — Ich liebe ___ Augen.
4 ● Wohnung — Er findet ___ Wohnung toll.
5 ● Hund — Ich mag ___ Hund!
6 ● Handy — Wir haben ___ Handy.

6 *Ihr-* oder *dein-*? Ergänzen Sie.

1 *Auf dem Flughafen:* Bitte schön. Und hier ist *Ihr* Ticket. – Vielen Dank.
2 *Zwei Freundinnen:* Und wie heißt ___ Katze? – Lucy.
3 *Zwei Freunde:* Wo wohnen denn ___ Eltern? – In Berlin.
4 *Beim Arzt:* ___ Frau war heute auch hier. – Ja, ich weiß.
5 *Auf dem Arbeitsamt:* Was ist ___ Beruf? – Ich bin Programmierer.

7 Schreiben Sie 3 formelle Fragen mit *Ihr-*.

Name *Wie ist Ihr Name?*
Beruf ___
Lieblingsfilm ___

34 Ich komme aus Berlin.

Lokale Präpositionen: *in, aus, nach*

ENTDECKEN

A Ordnen Sie zu.

Ich fahre nach Berlin.   Wir wohnen in Berlin.   ~~Er kommt aus Berlin.~~

Er kommt aus Berlin.

B Lesen Sie.

Woher?	aus	Brasilien Berlin der Schweiz den Niederlanden	Wo?	in	Berlin Deutschland den USA	Wohin?	nach	Paris Italien rechts Hause

C Lokale Präpositionen *aus, in, nach*. Lesen Sie.

- Woher? *aus* + Städte, Länder. Achtung! Manchmal mit Artikel im Dativ: *aus der Türkei, aus den USA*.
- Wo? + Städte, Länder. Achtung! Manchmal mit Artikel im Dativ: *in der Türkei, in den USA*.
- Wohin? *nach* + Städte, Länder, Richtung. Ohne Artikel.

ÜBEN

1 Lesen Sie und unterstreichen Sie die Präpositionen *in*, *aus* und *nach*.

1 Gibt es denn auch Kinos in Heidelberg? – Ja, sicher.
2 Und du, Juan? Woher kommst du? Und wo wohnst du? – Ich komme aus Kuba und wohne jetzt in München.
3 Wohin fahren Sie morgen? – Morgen fahre ich nach Berlin.
4 Wo ist denn Peter? – Er besucht seine Verwandten in Polen.
5 Und wohin muss ich jetzt fahren? – Fahr nach rechts, geradeaus und dann nach links.

2 Ordnen Sie zu.

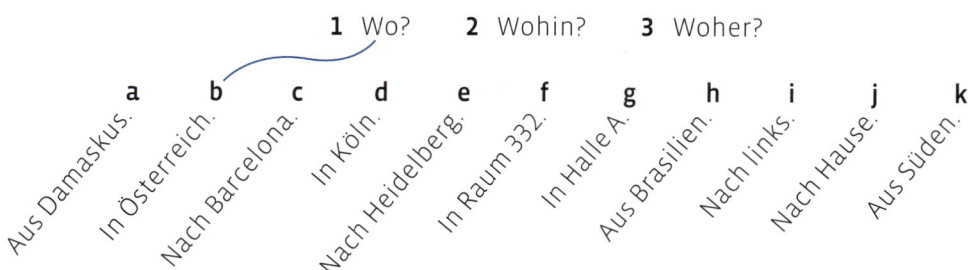

1 Wo? 2 Wohin? 3 Woher?

a Aus Damaskus. b In Österreich. c Nach Barcelona. d In Köln. e Nach Heidelberg. f In Raum 332. g In Halle A. h Aus Brasilien. i Nach links. j Nach Hause. k Aus Süden.

3 Unterstreichen und vergleichen Sie die Präpositionen. Übersetzen Sie dann in Ihre Sprache.

Deutsch	Englisch	Meine Sprache
Ich wohne in Frankfurt.	I live in Frankfurt.	
Ich komme aus Wien.	I am from Vienna.	
Ich fliege nach Madrid.	I'm flying to Madrid.	

4 Amira ist am Flughafen. Ergänzen Sie die Präpositionen.

nach aus aus ~~in~~ aus in

Amira ist seit drei Monaten (1) _in_ Berlin. Sie kommt (2) _____ Syrien, (3) _____ Damaskus. Jetzt ist sie am Flughafen und wartet. Ihre Freundin Anna kommt. Aber das Flugzeug (4) _____ München kommt heute später an. Das ist kein Problem. Amira hat Zeit und das Wochenende ist lang. Morgen machen sie einen Ausflug (5) _____ Potsdam. (6) _____ Potsdam ist das Schloss Sanssouci. Das Schloss und der Park sind wunderschön!

5 Was ist richtig? Unterstreichen Sie.

1 Wo wohnst du? – _In_ / Aus Köln.
2 Wohin gehen Sie? – Ich gehe jetzt in / nach Hause.
3 Wo studiert denn Emma? – In / Aus Wien.
4 Woher kommt Pamela? – Sie kommt in / aus Argentinien.
5 Wohin fliegen Sie? – In / Nach München.
6 Wo bist du geboren? – In / Aus Italien.
7 Woher kommt der Wind? – In / Aus Osten.
8 Wo ist der Deutschkurs? – In / Aus Raum 118.

6 Woher kommen Ihre besten Freunde? Und wo wohnen sie? Schreiben Sie 2 Sätze.

Meine beste Freundin kommt aus Saigon in Vietnam.

35 Ich wohne auf dem Land.

Lokale Präpositionen: *auf, in* + Dativ

ENTDECKEN

A Ordnen Sie zu.

1 .... Ich wohne in der Stadt.

2 .... Ich wohne auf dem Land.

A

B

B Lesen Sie A noch einmal und ergänzen Sie.

Wo? auf + Dativ				
		• maskulin	auf dem	Tisch
		• neutral	....	Land
		• feminin	auf der	Straße
		• Plural	auf den	Straßen

Wo? in + Dativ				
		• maskulin	im	Schrank
		• neutral	im	Zentrum
		• feminin	....	Stadt
		• Plural	in den	Städten

C Lokale Präpositionen *auf* und *in*. Lesen Sie.

- Mit *auf* und *in* zeigt man, wo ein Ding / eine Person ist.
- Bei Antworten auf die Frage *Wo?* steht nach *auf* und *in* der Dativ, siehe 21.
- *in dem* = *im* (*im Schrank*)

ÜBEN

1 Ergänzen Sie *auf* und das Nomen im Dativ.

1 Ist der Brief für mich? – Ja, *auf dem Brief* (• Brief) steht dein Name.
2 Wo liegen denn die Schlüssel? – Da hinten, ... (• Tisch).
3 Was muss ich tun? – .... (• Formular) finden Sie alles.
4 Wo seid ihr? – Wir sind jetzt .... (• Marktplatz).
5 Sind die Kinder im Haus? – Nein, sie spielen .... (• Straße).
6 Wo ist Ben? – Er sitzt im Park .... (• Bank) und liest.

2 Ordnen Sie zu und unterstreichen Sie die Nomen mit *in*.

1 Wo sind Sie?
2 Wo ist er?
3 Sollen wir uns treffen?
4 Wo haben Sie das gelesen?

a Ja, gerne. Und wo? Im Parkcafé?
b Er sitzt im Park und liest.
c In der Zeitung.
d Im Büro.

3 Markieren Sie sechzehn Wörter.

taschekinoschuleinternetzugsupermarkthotelapothekestadtstraßehausgartenbettküche kühlschrankschrank

4 Sortieren Sie die Wörter aus 3 und schreiben Sie sie mit *in* + Dativ.

Wo?
-
-
- in der Tasche

5 Ergänzen Sie *in* oder *auf* + Dativ.

Ich lebe (1) *in der* Stadt, in München. Ich wohne (2) _____ Schmellerstraße 23, ganz oben (3) _____ Haus. Manchmal grillen wir (4) _____ Balkon. Heute ist Sonntag und mein Freund Tom ist hier. Er kommt aus Berlin. Am Sonntag frühstücke ich gerne (5) _____ Bett. Und Tom ist (6) _____ Küche und macht das Frühstück. Aber er findet nichts und fragt und fragt und fragt: Du, Nina! Hast du noch Milch? – Ja, sie steht (7) _____ Kühlschrank.
Und die Gläser? Wo stehen die Gläser? – Die Gläser stehen doch (8) _____ Tisch.

6 Wo? Ergänzen Sie *in* + Dativ.

1 Gestern waren wir *im Kino* (Kino).
2 Das findest du _____ (Internet).
3 Lebensmittel bekommen Sie _____ (Supermarkt).
4 _____ brauchst du deinen Pass (Hotel).
5 Heute früh war er noch _____ (Schule).
6 Dieses Medikament bekommen Sie _____ (Apotheke).

7 Stadt oder Land? In einem Haus oder in einer Wohnung? Wo wohnen Sie und Ihre Freunde? Schreiben Sie 3 Sätze.

Ich wohne in der Stadt.

36 Wir gehen ins Kino.
Lokale Präposition: *in* + Akkusativ

ENTDECKEN

A Mein Wochenende. Ordnen Sie zu.

1 _C_ Wir fahren in die Stadt.
2 ____ Wir gehen in den Club und feiern.
3 ____ Wir gehen ins Kino.
4 ____ Wir gehen ins Fitness-Studio.

A B C D

B Lesen Sie A noch einmal und ergänzen Sie.

Wohin?			
in + Akkusativ	• maskulin	in den	____
	• neutral	ins	____
	• feminin	in die	Stadt
	• Plural	in die	Berge

C Lokale Präposition *in*. Lesen Sie.

- *in* steht nach Verben wie *fahren, gehen*, … Es zeigt eine Bewegung.
- Bei Antworten auf die Frage *Wohin?* steht nach *in* der Akkusativ, siehe 19.
- *in das* = *ins* (*ins Kino*)

ÜBEN

1 Wohin möchten diese Menschen gehen? Unterstreichen und schreiben Sie die Orte.

1 Was machen wir? – Wir gehen <u>in den Club</u> und feiern. → *in den Club*
2 Geht ihr heute in die Stadt? – Ja, kommst du mit? → ____
3 Komm, wir gehen ins Restaurant! – Ja, super! → ____
4 Und was machst du heute noch? – Ich gehe in den Park und jogge. → ____

2 Schreiben Sie auf Deutsch und vergleichen Sie. Dann übersetzen Sie in Ihre Sprache.

Deutsch	Englisch	Meine Sprache
in den Club	to the club	
	to the cinema	
	to town	

3 Wohin? Sortieren Sie und schreiben Sie mit *in* + Akkusativ.

- ~~Kino~~ • ~~Kindergarten~~ • Bett • Museum • ~~Schule~~ • Garten • Büro • Universität
- Schwimmbad • Restaurant • Pizzeria • Disco • Park • Dorf • Bad • Café • Kirche
- Hotel • Supermarkt

Wir gehen …

- *in den Kindergarten*

- *ins Kino*

- *in die Schule*

4 Mein Tag. Was ist richtig? Unterstreichen Sie.

Morgens stehe ich um sieben auf. Ich gehe immer (1) <u>in den</u> / ins / in die Stadtpark und jogge. So bleibe ich fit. Dann gehe ich (2) in den / ins / in die Bad und dusche. Ich frühstücke, höre Musik und lese Zeitung. Um neun bringe ich die Kinder (3) in den / ins / in die Kindergarten. Dann fahre ich (4) in den / ins / in die Büro. In der Mittagspause gehe ich oft (5) in den / ins / in die Supermarkt und kaufe ein. Am Nachmittag gehe ich mit den Kindern (6) in den / ins / in das Park. Am Abend kochen wir, mein Mann und ich. Manchmal gehen wir auch (7) in den / ins / in die Pizzeria hier in der Amalienstraße. Die ist wirklich gut. Um acht bringen wir die Kinder (8) in den / ins / in die Bett. Dann sehen wir fern und lesen.

5 Ergänzen Sie.

1 Kommst du mit *ins* Schwimmbad? – Ja, gerne.
2 Ich gehe oft _____ Museum. – Ich auch.
3 Wohin fährt er denn? – _____ Schule.
4 Fahren wir _____ Stadt? – Ja, später.
5 Carla geht schon _____ Kindergarten. – Wirklich!
6 So, du gehst jetzt _____ Bett! – Nein, ich möchte noch fernsehen.
7 Ich gehe jetzt _____ Supermarkt. Brauchst du noch was? – Ja, kauf bitte Butter und Milch!
8 Geht Ben schon _____ Schule? – Ja, er ist doch schon sieben.

6 Wohin gehen Sie am Wochenende? Schreiben Sie 3 Sätze mit *in*.

Ich gehe ins Schwimmbad.

37 Sie ist beim Training.

Lokale Präpositionen: *bei, zu* + Dativ

ENTDECKEN

A Lesen Sie und unterstreichen Sie die Präpositionen *bei, beim* und *zum*.

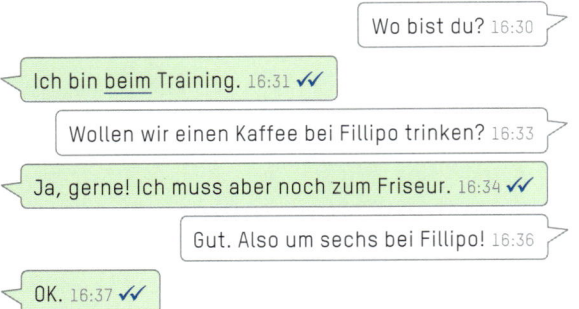

- Wo bist du? 16:30
- Ich bin beim Training. 16:31 ✓✓
- Wollen wir einen Kaffee bei Fillipo trinken? 16:33
- Ja, gerne! Ich muss aber noch zum Friseur. 16:34 ✓✓
- Gut. Also um sechs bei Fillipo! 16:36
- OK. 16:37 ✓✓

B Lesen Sie A noch einmal und ergänzen Sie.

Wo?	bei + Dativ	• maskulin	beim	Arzt
		• neutral	....	Training
		• feminin	bei der	Polizei
		• Plural	bei den	Nachbarn

Wohin?	zu → + Dativ	• maskulin	....	Friseur
		• neutral	zum	Training
		• feminin	zur	Schule
		• Plural	zu den	Freunden

Kein Artikel vor Namen!
Ich arbeite bei Siemens.
Wir sind bei Fillipo.

C Lokale Präpositionen *bei* und *zu*. Lesen Sie.

- *bei* zeigt, wo eine Person ist und antwortet auf die Frage *Wo?*: *beim Arzt*.
- *bei dem = beim (beim Training)*
- *zu* zeigt eine Richtung und antwortet auf die Frage *Wohin?*: *zum Arzt*.
- *zu dem = zum (zum Arzt), zu der = zur (zur Schule)*
- Nach *bei* und *zu* steht der Dativ, siehe 21.

ÜBEN

1 Ordnen Sie zu und unterstreichen Sie *bei* und *zu*.

1 Ist er beim Training? — a Ich muss noch zum Arzt.
2 Wohin gehst du? — b Ja, er ist im Studio.
3 Wo arbeitet sie? — c Bei der Polizei.

2 Unterstreichen Sie die Präpositionen und vergleichen Sie. Dann übersetzen Sie in Ihre Sprache.

Deutsch	Ich gehe zum Arzt.	Er ist beim Arzt.
Englisch	I go to the doctor's.	He's at the doctor's.
Meine Sprache		

3 Ordnen Sie zu.

1 bei   2 beim   3 bei der

a Arzt   b Mercedes   c Polizei   d Microsoft   e Friseur   f Mario

4 Ergänzen Sie.

~~bei Tina~~   bei der Post   beim Arzt   bei Familie Müller

1 Wo wohnst du denn jetzt? – Ich wohne jetzt *bei Tina*.
2 Kaufst du bitte Briefmarken ....? – Ja, gerne.
3 Hat sie eine Wohnung? – Nein, sie hat ein Zimmer ....
4 Geht's dir nicht gut? – Nein, ich bin ....

5 *Wohin?* Ordnen Sie zu und schreiben Sie.

zum	• ~~Arzt~~ • Doktor • ~~Arbeit~~ • Bahnhof • Post • Flughafen • Bäckerei • Schule • Geschäft	zur

zum Arzt, zur Arbeit, ...

6 *zum* oder *zur*? Was ist richtig? Unterstreichen Sie.

1 Ist das weit? – Nein, zum / zur Bahnhof ist es nicht weit.
2 Haben Sie Zeit? – Nein, ich muss jetzt zum / zur Arbeit.
3 Ist deine Tochter krank? – Ja, wir müssen sie zum / zur Arzt bringen.
4 Kannst du mich zum / zur Flughafen bringen? – Ja, klar.
5 Wir brauchen Brot. – Ja, ich gehe schnell zum / zur Bäckerei.
6 Kommst du? – Ja, ich muss noch schnell zum / zur Post, dann komme ich.

7 Wohin müssen Sie heute noch gehen? Ergänzen Sie und schreiben Sie noch einen Satz.

• Supermarkt / • Post / … *Ich muss noch zum Supermarkt. Dann muss ich*

38 Ich komme um 20 Uhr.

Temporale Präpositionen: *um, an, in* + Dativ

ENTDECKEN

A Disko und Jazz im Juli. Unterstreichen Sie die Präpositionen.

Events im Juli

@ P1 – Feiern, Tanzen
Am Freitag um 20 Uhr

Charles Hotel –
Jazz im Sommer
Am Samstag um 10 Uhr

B Lesen Sie A noch einmal und ergänzen Sie.

Wann? in an + Dativ	um	sieben Uhr 15.30 Uhr
	an am	Feiertagen ersten Januar ...., Samstag Wochenende Morgen
	in im	den Ferien .... März, Juli

C Temporale Präpositionen *um*, *an* und *in*. Lesen Sie.

- *um* steht vor Uhrzeiten: *um neun Uhr*.
- *an (an dem = am)* steht vor einem Datum, Tag, Wochenende, …: *am Montag*.
- *im (in dem = im)* steht vor Monaten und Jahreszeiten: *im Winter*.
- Nach *an* und *in* steht der Dativ. Mit *um*, *an* und *in* antwortet man auf die Frage *Wann?*.

ÜBEN

1 Unterstreichen Sie die Präpositionen.

1 Wann hast du Geburtstag? – Im Mai.
2 Wann fährt er denn nach Hause? – Am Wochenende.
3 Wann kommt sie? – Um sieben Uhr.

2 Ordnen Sie zu und vergleichen Sie. Dann übersetzen Sie in Ihre Sprache.

um zehn Uhr   am Montag   ~~im Winter~~

Deutsch	Englisch	Meine Sprache
im Winter	in winter	
	at ten o'clock	
	on Monday	

3 Wann ist das Konzert? Ergänzen Sie.

~~Wochenende~~   zweiten September   Mai   22 Uhr   Winter   halb drei   Abend   Oktober   Morgen   Viertel vor eins   Nachmittag

am	Wochenende
um	
im	

4 Pläne für das Wochenende. Ergänzen Sie.

um   ~~am~~   am   um   am   um   am

◆ Was meinst du? Gehen wir (1) _am_ Samstag ins Fitness-Studio?
○ Klar! Wann ist das Studio denn geöffnet?
◆ (2) ___ Vormittag. Wir können so (3) ___ zehn Uhr frühstücken und dann trainieren.
○ Okay. Super! Und wann ist das Konzert?
◆ (4) ___ Nachmittag. (5) ___ fünfzehn Uhr. Ich freue mich schon.
○ Ich auch. Und (6) ___ Abend treffen wir dann Emilie und Sophie im Bella Italia. Ja?
◆ Gute Idee. So (7) ___ acht?
○ Ja, ich reserviere einen Tisch.

5 Ergänzen Sie.

1 Wann hast du Geburtstag?
– _Am_ zweiten Januar.
2 Wann fährst du wieder nach Berlin?
– ___ Sommer.
3 Wann kommt denn dein Vater? – ___ Freitag.
4 Wann ist die Praxis geöffnet?
– Nur ___ Vormittag.
5 Wann kommt der Zug in Berlin an?
– ___ 19.30 Uhr.

6 Ihr Zeitplan für diese Woche. Schreiben Sie 3 Sätze.

Am Montag um 18 Uhr

39 Vor dem Spiel.
Temporale Präpositionen: *vor, nach* + Dativ

ENTDECKEN

A Ordnen Sie zu und unterstreichen Sie die Präpositionen *vor* und *nach*.

Das ist unser Team ...
vor dem Spiel! ....
nach dem Spiel! ....

B Lesen Sie A noch einmal und ergänzen Sie.

Wann? *vor* + Dativ		maskulin	vor dem	Kurs
		neutral	....	Spiel
		feminin	vor der	Party
		Plural	vor den	Konzerten

Wann? *nach* + Dativ		maskulin	nach dem	Kurs
		neutral	....	Spiel
		feminin	nach der	Party
		Plural	nach den	Konzerten

Kein Artikel bei der Uhrzeit:
Wann? – Um Viertel vor sieben.
Wie spät ist es? – Es ist Viertel nach sieben.

C Temporale Präpositionen *vor* und *nach*. Lesen Sie.

- *vor* ↔ *nach*: Mit *vor* und *nach* antwortet man auf die Frage *Wann?*.
- Nach *vor* und *nach* steht der Dativ, siehe 21.

ÜBEN

1 Unterstreichen Sie *vor* und *nach*.

1 Wann kommt sie? – Nach dem Essen.
2 Wann soll ich kommen? – Komm bitte vor zehn Uhr!
3 Gehen wir auch ins Café? – Ja, klar. Vor dem Konzert.
4 Musst du noch lernen? – Ja, das mache ich nach dem Essen.
5 Kann ich später noch einmal anrufen? – Ja, aber bitte nicht nach 23 Uhr.

2 vor |—×—+—| oder nach |—+—×—|? Markieren Sie.

1 vor dem Ausflug
2 nach dem Frühstück
3 vor der Hochzeit
4 nach dem Flug
5 nach dem Englischkurs
6 vor der Pause
7 nach dem Sport
8 vor dem Termin
9 vor dem Test

3 vor oder nach? Antworten Sie.

1 Wann kommt er denn? (nach / • Kurs) — *Nach dem Kurs.*
2 Wann trainieren wir? (vor / • Essen)
3 Und wann geht sie? (nach / • Film)
4 Wann kommen sie in den Kurs? (nach / • Ferien)
5 Wann kaufst du ein? (nach / • Arbeit)
6 Wann duschst du? (vor / • Frühstück)
7 Wann lernst du? (vor / • Prüfung)
8 Wann gehen wir ins Café? (nach / • Deutschkurs)

4 dem oder der? Ergänzen Sie.

1 Und wann feiert ihr? – Nach *der* Prüfung.
2 Wann kommen denn die Nachrichten? – Vor _____ Film.
3 Und wann lernst du? – Morgen früh vor _____ Test.
4 Vor _____ Abflug rufe ich an. – Okay.
5 Schreiben wir ein Diktat? – Ja, vor _____ Pause.
6 Hast du einen Termin? – Ja, aber nach _____ Termin können wir sprechen.

5 Wie spät ist es? Schreiben Sie Sätze mit vor und nach.

9:45 Uhr   *Es ist Viertel vor zehn.*   17:40 Uhr
10:15 Uhr   23:55 Uhr
18:20 Uhr   00:05 Uhr

6 Was machen Sie vor und nach dem Deutschkurs? Schreiben Sie 2 Sätze.

Vor dem Deutschkurs lerne ich.

40 Ich fahre mit dem Bus.

Modale Präposition: *mit* + Dativ

ENTDECKEN

A Was ist gut für die Umwelt? Ergänzen Sie die Smileys.

Test – CO_2 und du!
- ☺ Ich fahre gerne mit dem Fahrrad.
- ...... Ich fahre immer mit der U-Bahn.
- ...... Ich fahre mit dem Taxi.
- ...... Ich fahre oft mit dem Bus.
- ...... Ich fahre immer mit dem Auto.

B Lesen Sie A noch einmal und unterstreichen Sie die Präposition *mit*. Dann ergänzen Sie.

Wie?			
	• maskulin	....	Bus
	• neutral	....	Auto
mit + Dativ	• feminin	mit der	U-Bahn
	• Plural	mit den	Fahrrädern

C Modale Präposition *mit*. Lesen Sie.

- Mit *mit* antwortet man auf die Frage *Wie?*: Wie komme ich in die Stadt? – Mit dem Bus.
- Nach *mit* steht der Dativ, siehe 21.

ÜBEN

1 Ordnen Sie zu.

1 Kommst du mit dem Auto in die Stadt?
2 Ich fahre gerne mit der S-Bahn.
3 Ich fahre immer mit dem Fahrrad ins Büro.
4 Nimmst du ein Taxi?
5 Und wie kommst du nach Hause?

a Nein, das ist zu teuer. Ich fahre mit dem Bus.
b Ja, ich auch. Man kann lesen und arbeiten.
c Nein, da kann man doch nicht parken.
d Ich auch. So bleibe ich fit.
e Ich fahre mit der U-Bahn.

2 Ergänzen Sie.

1
Ich fahre _mit dem Zug._ (• Zug)
Ich fahre .... (• Bus)

2
Ich fahre _mit der U-Bahn._ (• U-Bahn)
Ich fahre .... (• Straßenbahn)

3
Ich fahre _mit dem Fahrrad._ (• Fahrrad)
Ich fahre .... (• Taxi)

3 Ergänzen Sie. Dann übersetzen Sie in Ihre Sprache.

Deutsch	Englisch	Meine Sprache
BLEIB RUHIG UND FAHR	KEEP CALM AND TAKE THE BUS	

4 Lesen Sie den Chat. Was ist richtig? Unterstreichen Sie.

www.verkehrsmittel.de/forum

Hallo, ich heiße Carla. Ich wohne in Hamburg und studiere Medizin. Ich brauche kein Auto. Ich fahre mit (1) *dem / der* U-Bahn oder mit (2) *dem / der* Bus. Die Universität ist nicht weit.

Hi, mein Name ist Ben. Ich komme aus München und wohne in der Stadt. Ich fahre immer mit (3) *dem / der* Fahrrad ins Büro. Das ist in München kein Problem. So bleibe ich fit.

Hallo, ich bin Stephanie. Ich wohne auf dem Land und habe ein Auto. Also, hier braucht man ein Auto. Ich fahre mit (4) *dem / der* Auto ins Fitness-Studio, in die Stadt und ins Büro.

5 David und seine Freunde sind auf einer Party. Wie kommen sie nach Hause? Schreiben Sie.

1 *David fährt mit dem Bus.*
2 ....
3 ....
4 ....
5 ....
6 ....

6 Und Sie? Wie kommen Sie ins Büro, ins Fitness-Studio, in die Stadt …? Schreiben Sie.

Ich fahre mit dem Fahrrad in die Stadt.

41 Wie heißt du?
W-Fragen

ENTDECKEN

A Kennen Sie diese Stars? Ergänzen Sie die Namen.

Angelina
Vettel
Jolie
Sebastian

Tipp 1: Formel-1-Pilot aus Deutschland
Tipp 2: Trainer aus Barcelona

Tipp 1: Schauspielerin aus den USA
Tipp 2: Model aus Paris

B Lesen Sie A noch einmal und ergänzen Sie.

	2	
Was	ist	das?
Wer	ist	das?
....	heißt	er?
....	kommt	sie?

	2	
Wohin	fahren	Sie?
....	wohnt	er?
Wann	kommen	Sie?

C W-Fragen. Ergänzen Sie.

- Es gibt zwei Frage-Typen: W-Fragen und Ja-/Nein-Fragen, siehe 42.
- W-Fragen beginnen mit einem Fragewort *W*...:
  Was? (Ding, Aktivität)   *Wer?* (Person)   *Wie?* (Art und Weise)   *Woher?* (Ort / Bewegung)
  Wohin? (Ort / Bewegung)   *Wo?* (Ort / Position)   *Wann?* (Zeit)
- Das Verb steht auf Position 2: *Wer ist das?*

ÜBEN

1 Ergänzen Sie die Fragewörter.

1 *Wie* heißt er? – Ben Schuster.
2 .... ist das? – Das ist eine Uhr.
3 .... bist du geboren? – Am 23. Januar 1992.
4 .... wohnt sie? – In Köln.
5 .... fahren wir? – Nach Berlin.
6 .... kommt Carla? – Aus der Schweiz.

86

2 Ordnen Sie zu und übersetzen Sie in Ihre Sprache.

Deutsch	Englisch	Meine Sprache
Woher?	who	
Wie?	where	
Wer?	where ... from	
Wo?	how	

3 Spielen Sie Domino und schreiben Sie die Fragen.

du geboren?	~~Wie~~
wir?	Woher kommst
das?	Wann bist
ist das?	Wohin fahren

Sie?	Was
~~heißen Sie?~~	Wo wohnen
du?	Wer ist

Wie heißen Sie?

4 Ergänzen Sie die Tabelle.

~~Wo ist die Küche?~~ Woher kommt Emma?
Wie heißt die Straße? Wann kommst du?
Wohin fliegt ihr? Was kostet der Schinken?
Wer hat kein Buch?

	2	
_Wo_	_ist_	_die Küche?_

5 Was möchten Sie von Ihren Kollegen wissen? Schreiben Sie 5 Fragen.

Woher kommst du?

42 Ist die Wohnung noch frei?

Ja-/Nein-Fragen

ENTDECKEN

A Sie möchten eine Wohnung mieten. Welche Fragen sind wichtig? Kreuzen Sie an.

- ⊠ Ist die Wohnung noch frei?
- ○ Hat die Wohnung einen Balkon?
- ○ Können Sie die Datei öffnen?
- ○ Ist die Wohnung möbliert?

B Lesen Sie A noch einmal und ergänzen Sie.

	2			Antwort	
Sie	ist		noch frei.		
	Ist	sie	noch frei?	Ja.	☺
Sie	hat		einen Balkon.		
	....	sie	einen Balkon?	Nein.	☹

C Ja-/Nein-Fragen. Lesen Sie.

- Es gibt zwei Frage-Typen: Ja-/Nein-Fragen und W-Fragen, siehe 41.
- Ja-/Nein-Fragen beginnen mit dem Verb.
- Auf eine Ja-/Nein-Frage antwortet man mit *ja* oder *nein*.

ÜBEN

1 Ergänzen Sie *ja* oder *nein*.

1. Ist die Wohnung im Zentrum? – *Ja*, sie ist nicht weit vom Marktplatz.
2. Suchen Sie ein Haus in der Stadt? – ...., wir suchen ein Haus auf dem Land.
3. Ist dein Büro weit von hier? – ...., ich bin in zehn Minuten im Büro.
4. Gibt es eine Schule in der Nähe? – ...., sie ist hier in der Straße.

2 Ordnen Sie zu.

1. Sind Sie Frau Müller?   a Nein, ich spiele Gitarre.
2. Lernen Sie Deutsch?   b Ja, mein Name ist Lisa Müller.
3. Spielen Sie Klavier?   c Nein, aber ich gehe gerne ins Kino.
4. Gehen Sie gerne ins Theater?   d Ja, ich lerne Deutsch und Englisch.

3 Ergänzen Sie die Tabelle.

~~Die Wohnung ist hell und ruhig.~~ ~~Hat das Haus WLAN?~~ Wie heißt denn die Straße?
Ist das Haus nicht teuer? Das Apartment ist nicht möbliert.

		2	
Die Wohnung	ist		hell und ruhig.
	Hat	das Haus	WLAN?

4 Sortieren Sie und schreiben Sie die Fragen.

1 Möchten / meine E-Mail-Adresse? / Sie   Möchten Sie meine E-Mail-Adresse?
2 du / Wohnst / in Berlin?   _____
3 sie / Hat / denn eine Wohnung?   _____
4 die U-Bahn-Station / Ist / in der Nähe?   _____

5 Sortieren Sie und antworten Sie mit *ja* (☺) oder *nein* (☹).

1 Ist das Apartment noch frei?   – Ja (☺), es ist noch frei.
   Ist / noch frei? / das Apartment
2 _____   – _____ (☺), Deutsch und Englisch.
   Sie / Sprechen / Deutsch?
3 _____   – _____ (☹), leider nicht.
   Hat / einen Balkon? / die Wohnung
4 _____   – _____ (☹), in Berlin.
   Frankfurt? / in / Wohnen / Sie

6 Tor! Ordnen Sie zu.

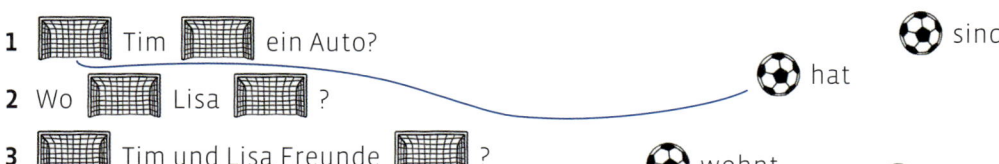

1 ⚽ Tim ⚽ ein Auto?
2 Wo ⚽ Lisa ⚽ ?
3 ⚽ Tim und Lisa Freunde ⚽ ?
4 ⚽ Woher ⚽ Lisas Familie?

⚽ sind
⚽ hat
⚽ wohnt
⚽ kommt

7 Sie möchten eine Wohnung mieten. Schreiben Sie 4 Fragen an den Vermieter.

Ist die Wohnung möbliert?
_____

43 Morgen fahre ich nach Paris.
Verb auf Position 2

ENTDECKEN

A Die Welt ist klein. Unterstreichen Sie die Verben.

www.travelersblog.at

Gestern war ich in Rom.
Heute bin ich in Wien.
Morgen fahre ich nach Paris.

B Lesen Sie A noch einmal und ergänzen Sie.

	2		
Ich	war		gestern in Rom.

	2		
Gestern	war	ich	in Rom.
Heute		ich	in Wien.
Morgen		ich	nach Paris.

C Verb auf Position 2. Lesen Sie.

- Der einfache Satz = Subjekt auf Position 1, Verb auf Position 2.
- *gestern, heute, manchmal, …* können auf Position 1 stehen.
  - --> Das Verb bleibt auf Position 2.
  - --> Das Subjekt geht auf die Position nach dem Verb.
- Achtung! Das Verb steht immer auf Position 2. Das Subjekt steht vor oder nach dem Verb.

ÜBEN

1 Lesen Sie über Achmeds Tag und unterstreichen Sie die Verben.

Achmeds Tag
Heute hat Achmed Deutschkurs. Am Nachmittag geht er in die Stadt. Er trifft Freunde. Dann gehen sie ins Café. Sie trinken Tee oder Kaffee. Am Abend spielen sie Fußball.

2 Ergänzen Sie die Tabelle mit den Sätzen aus 1.

	2		
Heute	*hat*	*Achmed*	*Deutschkurs.*

3 Schreiben Sie die Sätze neu.

1 Ben hat heute Schule.   *Heute hat Ben Schule.*
2 Er frühstückt um sieben Uhr.
3 Er nimmt dann den Bus.
4 Er trifft am Nachmittag seine Freundin.
5 Er geht später ins Fitness-Studio.

4 Meine Woche. Schreiben Sie Sätze.

Montag	Dienstag	Mittwoch	Donnerstag	Freitag
Tennis spielen mit Boris	Kaffee trinken mit Emma	Gitarre spielen mit Frank	Pizza essen mit Luisa	Musik hören mit Tina

Am Montag spiele ich Tennis mit Boris.

5 Welche Sätze sind falsch? Kreuzen Sie an und schreiben Sie richtig.

☒ 1 Gestern Anna und Ben waren hier.   *Gestern waren Anna und Ben hier.*
○ 2 Im Sommer gehe ich gerne ins Café.
○ 3 Um 12 Uhr wir machen Pause.
○ 4 Am Wochenende Maria gerne im Bett frühstückt.

6 Und Ihr Tag? Schreiben Sie 3 Sätze und beginnen Sie mit *am Morgen, mittags, …*

Am Morgen gehe ich

44 Ich will jetzt Deutsch lernen.
Satzklammer

ENTDECKEN

A Lesen Sie die Nachrichten und ergänzen Sie die Klammern.

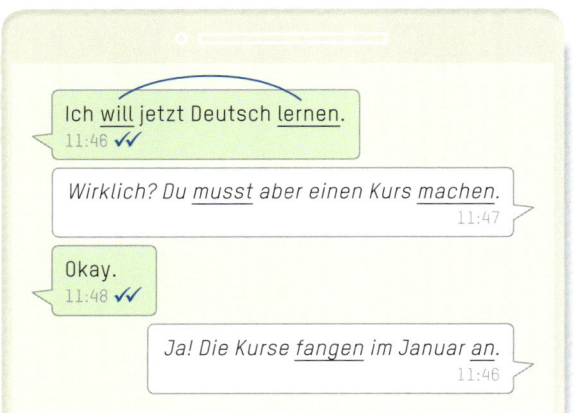

- Ich will jetzt Deutsch lernen. 11:46
- Wirklich? Du musst aber einen Kurs machen. 11:47
- Okay. 11:48
- Ja! Die Kurse fangen im Januar an. 11:46

B Lesen Sie A noch einmal und ergänzen Sie.

		2		Ende
trennbare Verben	Die Kurse	fangen	im Januar	an.
Modalverben	Ich Du	will _____	Deutsch einen Kurs	lernen. _____
Perfekt	Er Tim	hat ist	Deutsch Fahrrad	gelernt. gefahren.

C Satzklammer. Lesen Sie.

Die Satzklammer ist typisch für die Satzstruktur im Deutschen.

- Trennbare Verben: Das Präfix, zum Beispiel *an* in *an|fangen*, geht ans Ende.
- Modalverben: Der Infinitiv geht ans Ende.
- Perfekt: Das Partizip Perfekt geht ans Ende.

ÜBEN

1 Ordnen Sie zu und unterstreichen Sie die trennbaren Verben.

1 Also, das Hotel sieht nett aus.
2 Heute Abend rufe ich dich an.
3 Mach bitte das Licht aus! Ich möchte schlafen.
4 Wo steigen Sie aus?

a Ja, gerne. Gute Nacht.
b Ja, es ist auch super!
c Am Potsdamer Platz.
d Okay. Bis später.

2 Die Infinitive stehen falsch. Streichen Sie sie und stellen Sie sie ans Ende.

1 Was wollen ~~machen~~ wir heute Abend _machen_ ?
2 Ich möchte gehen gerne ins Kino _____.
3 Ich kann kommen leider nicht _____.
4 Mein Vater muss gehen jetzt _____.
5 Kann ich benutzen dein Handy _____?
6 Ich muss einkaufen noch _____.

3 Tor! Ordnen Sie zu.

1 Wir haben [ ] ein Taxi [ ] .   ⚽ bestellt
2 Gestern [ ] wir [ ] einen Ausflug gemacht.   ⚽ haben
3 Am Vormittag habe [ ] ich Deutsch [ ] .   ⚽ gelernt
4 Ist sie [ ] mit dem Auto [ ] ?   ⚽ gekommen
5 Am Wochenende [ ] wir Fahrrad [ ] gefahren.   ⚽ sind

4 Markieren Sie das Ende der Sätze. Dann ergänzen Sie die Tabelle.

MEINDEUTSCHKURSFÄNGTHEUTEAN | GESTERNHABEICHDIEBÜCHERGEKAUFTMEINEFREUNDIN
EMILYKANNLEIDERNICHTKOMMENSIEISTKRANKICHHABEDENLEHRERSCHONGESEHENERSIEHT
SEHRNETTAUSNACHDEMKURSMUSSICHNOCHEINKAUFENDANNGEHEICHGLEICHNACHHAUSE

		2		Ende
1	Mein Deutschkurs	fängt	heute	an.
2				
3				
4				
5				
6				
7				
8				

5 Was haben Sie gestern gemacht? Schreiben Sie 3 Sätze.

Gestern habe ich mit Antonia Kaffee getrunken.

45 Ich komme nicht.

Negation mit *nicht*

ENTDECKEN

A Lesen Sie das Gedicht und unterstreichen Sie *nicht*.

Nein, mein Tag ist das nicht!

👎 Wo ist denn die Sonne? Sie scheint leider <u>nicht</u>.
👎 Wo ist denn die U-Bahn? Sie fährt leider nicht.
👎 Was sagt denn der Chef? Mehr Arbeit und Stress, aber mehr Geld zahlt er nicht.
👎 In der Kantine? Pommes sind aus, und Fisch mag ich nicht.
👎 Und wo ist mein Freund? Der kommt heute nicht.

B Lesen Sie A noch einmal und ergänzen Sie.

Die Sonne scheint leider *nicht*.
Die U-Bahn fährt leider ....
Mein Freund kommt heute *nicht*.
Ich kann dir *nicht* helfen.
Er ist *nicht* glücklich.
Das finden wir *nicht* gut.
Wir wohnen *nicht* in Berlin.

C Negation mit *nicht*. Lesen Sie.

- *nicht* macht den ganzen Satz oder Satzteile negativ.
- *nicht* steht am Satzende oder vor dem zweiten Teil des Verbs: *Er hilft dir nicht. / Er kann dir nicht helfen.*
- *nicht* steht vor Adjektiven oder vor Orts- und Zeitangaben: *Er ist nicht glücklich. / Sie ist nicht in Berlin.*

ÜBEN

1 Ordnen Sie zu und unterstreichen Sie *nicht*.

1 Hier ist es aber kalt.   a Nein, leider nicht.
2 Kommen Sie denn?   b Tut mir leid, die Heizung funktioniert <u>nicht</u>.
3 Wie ist denn der Urlaub?   c Ich auch nicht. Ich dusche lieber.
4 Ich bade nicht so gern.   d Naja, das Hotel gefällt mir nicht.

2 *nicht* steht falsch. Streichen Sie es und stellen Sie es an die richtige Stelle.

1 Alles klar? – Nein, das Wort ~~nicht~~ verstehe ich _nicht_.
2 Gibt's hier auch Sojamilch? – Das nicht weiß ich _____.
3 Kommt Anna zum Deutschkurs? – Nein, sie nicht kann _____ kommen.
4 Wir fahren morgen nach Berlin. – Na, hoffentlich nicht regnet es _____.
5 Wo ist denn Julian? Er muss doch lernen! – Er schläft. Er nicht will _____ lernen.

3 Hier im Kursraum gibt es nichts. Schreiben Sie Sätze mit *nicht*.

1 Haben wir Stühle? — _Nein, Stühle haben wir nicht._
2 Gibt es denn Deutschbücher? _____
3 Haben wir Papier und Bleistifte? _____
4 Gibt es denn Tische? _____
5 Und haben wir Computer? _____

4 Markieren Sie, wo *nicht* richtig steht. Streichen Sie das andere.

1 Ben ist krank. Er ~~nicht~~ darf [nicht] arbeiten.
2 Was heißt das? Das nicht verstehe ich nicht.
3 Wir kommen zu spät. Das Auto nicht funktioniert nicht.
4 Emma kann nicht in den Deutschkurs kommen nicht. Sie hat einen Termin.

5 Sie sind nicht einverstanden. Schreiben Sie Sätze mit *nicht*.

1 Das Konzert war schlecht. — _Nein, das Konzert war nicht schlecht._
2 Sein Deutsch ist gut. _____
3 Rauchen ist hier erlaubt. _____
4 Ja, Maria ist da. _____
5 Das hat Opa verstanden. _____
6 Das Zimmer ist hässlich. _____
7 Das Auto ist zu klein. _____

6 Schreiben Sie Sätze mit *nicht*.

1 Ich wohne in Berlin. — _Ich wohne nicht in Berlin._
2 Ich bin müde. _____
3 Ich komme am Vormittag. _____
4 Ich bin glücklich. _____

7 Was stimmt heute nicht? Schreiben Sie 2 Sätze mit *nicht*.

Die Pizza schmeckt nicht.

46 Die Sonne scheint und es ist warm.
Konnektoren *und, oder, aber, denn*

ENTDECKEN

A Lesen Sie die Postkarte und unterstreichen Sie *und, oder, aber, denn*.

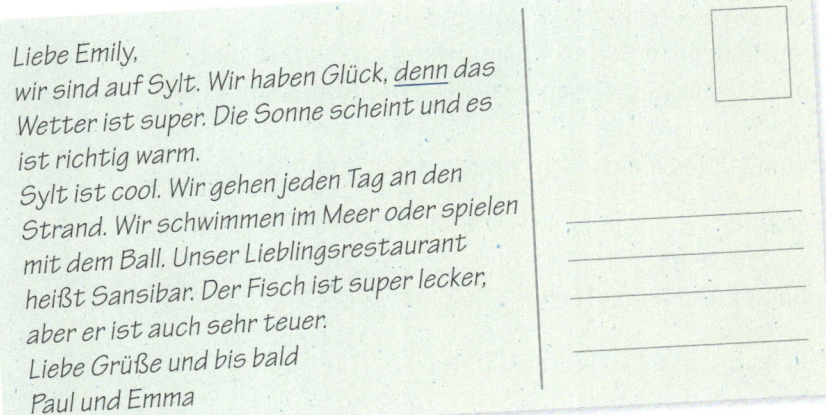

Liebe Emily,
wir sind auf Sylt. Wir haben Glück, <u>denn</u> das Wetter ist super. Die Sonne scheint und es ist richtig warm.
Sylt ist cool. Wir gehen jeden Tag an den Strand. Wir schwimmen im Meer oder spielen mit dem Ball. Unser Lieblingsrestaurant heißt Sansibar. Der Fisch ist super lecker, aber er ist auch sehr teuer.
Liebe Grüße und bis bald
Paul und Emma

B Lesen Sie A noch einmal und ergänzen Sie.

Satz 1		Satz 2
Die Sonne scheint	und	es ist warm.
Wir schwimmen im Meer		(wir) spielen mit dem Ball.
Der Fisch ist lecker,		er ist auch teuer.
Wir haben Glück,		das Wetter ist super.

C Konnektoren. Lesen Sie.

und, oder, aber, denn verbinden Sätze:
- *und*: Man zählt Dinge auf.
- *oder*: Man zeigt Alternativen.
- *aber*: Man schränkt etwas ein.
- *denn*: Man nennt einen Grund.

ÜBEN

1 Verbinden Sie die Sätze mit *und*.

1 Heute regnet es. Es ist kalt. *Heute regnet es und es ist kalt.*
2 Ich muss Hausaufgaben machen. Ich muss noch einkaufen.
3 Wir waren am Strand. Wir haben viel gelesen.

2 Schreiben Sie die Fragen mit *oder*.

1. Tee / Kaffee: möchten — *Möchtest du Tee oder Kaffee?*
2. Wein / Bier: nehmen
3. Pizza / Spaghetti: lieber essen

3 Niemand kommt zur Party. Schreiben Sie die Sätze mit *denn*.

1. Nina kann nicht kommen. Sie muss in den Deutschkurs.
   Nina kann nicht kommen, denn sie muss in den Deutschkurs.
2. Steffi kommt nicht. Ihre Katze ist krank.
3. Tim hat keine Zeit. Er muss zum Training.

4 Schreiben Sie Sätze mit *aber*.

1. Wohnung: groß / teuer — *Die Wohnung ist groß, aber teuer.*
2. Bus: billig / langsam
3. Haus: klein / sehr schön

5 Ordnen Sie zu.

1. Möchtest du ins Kino oder — wollen wir essen gehen?
2. Ich möchte gerne ins Kino und — das kostet Geld.
3. Das können wir gerne machen, aber — dann eine Pizza essen.
4. Kein Problem, denn — ich habe jetzt einen Job und verdiene gut.

6 Ergänzen Sie.

und ~~denn~~ aber oder

1. Wo bist du? – Ich kann nicht kommen, *denn* ich bin krank.
2. Möchten Sie Kaffee _____ nehmen Sie ein Wasser? – Ein Wasser, bitte.
3. Ich glaube es nicht, _____ es steht in der Zeitung. – Ja, ich habe es auch gelesen.
4. Ich muss um acht nach Hause! – Ich auch. Ich muss Paula abholen _____ ich muss noch kochen.

7 Und Sie? Was tun Sie und warum? Schreiben Sie Sätze mit *denn*.

Sport machen — *Ich mache Sport, denn ich möchte fit bleiben.*
Deutsch lernen
Freunde treffen

Lösungen

1 Ich und du

A ich   wir

B du

1 ich   *ihr*   Sie   sie   du   wir   es   er   sie
2 Singular: du, er, sie, es, Sie   Plural: wir, ihr, sie
3 2 Wir   3 Wir, Ich
4 2 Er   3 sie
5 2 Sie   3 du   4 du
6 1 du   2 ihr, du, du   3 Du
7 2 Singular   3 Plural
8 *Beispiellösung:* … ist nett. Er arbeitet viel.

2 Ich bin Laura.

A Hallo, ich bin Laura. Ich bin 22 Jahre alt.
Verheiratet bin ich nicht. Aber ich bin glücklich.
Mein Freund heißt Tim. Er ist IT-Ingenieur.
Er ist aus Berlin.

B bist   ist

1 1 bin   2 bin, Bist   3 bist, bin   4 bin
2 2A   3B   4F   5E   6D
3 (2) ist   (3) sind   (4) sind   (5) sind
4 2 seid   3 wir sind   4 ihr seid   5 wir sind
5 (2) sind   (3) ist   (4) ist   (5) ist   (6) bin   (7) ist
6 *Beispiellösung:* Mein Name ist Mia. Ich bin 45 Jahre alt, arbeite als Bäckerin und bin verheiratet. Meine Lieblingsfarbe ist rot und ich male gerne.

3 Ich heiße Emma.

A lieben – lieben   kommt – kommen   macht – machen
studiert – studieren   arbeitet – arbeiten   wohnen – wohnen

B macht   heiße   arbeitet

1

wohne	liebe	studiere
wohnst	liebst	studierst
wohnt	liebt	studiert
wohnen	lieben	studieren
wohnt	liebt	studiert
wohnen	lieben	studieren

2 1 komme   2 wohnst, wohne   3 machst, arbeite
4 heiße, heißt, heiße   5 Arbeitest, arbeite
3 (2) studiert   (3) arbeitet   (4) wohnt   (5) wohnt
(6) macht   (7) arbeitet
4 Carla und David lieben Italien.   Ihr wohnt in Wien.
Martha und ich arbeiten am Wochenende.
Ihr kommt bitte in den Deutschkurs!

5 2 Kommst   3 heißen   4 heißt   5 Arbeiten   6 arbeitest
6 (2) wohnt   (3) mache   (4) lerne   (5) ist   (6) heißt
(7) gehen   (8) macht   (9) Arbeitest
7 *Beispiellösung:* Das ist Marina, sie kommt aus Slowenien und arbeitet hier als Übersetzerin. Sascha kommt aus Weißrussland und macht eine Ausbildung als Pfleger hier.

4 Ich habe einen Traum.

A Ich habe ein Haus.   Ich habe einen Traum.
Sie hat einen Job.   Sie hat einen Freund.
Sie hat einen Traum.   Wir haben Kinder.
Wir haben Glück.   Wir haben einen Traum.

B habe   hat   haben

2 2 Hast   3 Hast   4 hast, habe   5 habe
3 2 hat   3 hat   4 haben   5 habt, habt   6 haben
4 2 Hast   3 hast   4 haben
5 2 Haben   3 Hat   4 Haben
6 (2) hat   (3) hat   (4) hat   (5) hat   (6) habe
7 2 haben   3 hat   4 habe   5 hat   6 haben   7 Habt
8 *Beispiellösung:* Ich habe viele Freunde. Ich habe eine Katze. Ich habe viele Hobbys.

5 Sie isst gerne Pizza.

A liest   trifft   fährt   isst   lädt ein
B spricht   liest   fährt   lädt ein
1 sprechen   treffen   fernsehen
2 trifft, trefft   isst, esst   liest, lesen   fährst, fahrt
lädst ein, lädt ein   sieht fern
3 2 trifft   3 liest   4 fährt   5 lädt … ein
4 2 Trefft   3 sprichst   4 sprecht   5 Isst
5 1 Fährst   2 Lädst … ein   3 Lädt … ein   4 Ladet … ein
6 (2) fährt   (3) treffen   (4) lese
7 (2) liest   (3) lädt … ein   (4) fährt   (5) isst
8 *Beispiellösung:* … mein Freund Pietro. Er kommt aus Italien, aus Neapel. Er lebt jetzt in München. Er studiert Medizin. Er spricht Italienisch und Deutsch. Pietro liebt Sport: Er spielt Fußball, Tennis und Basketball. Und er kocht gern.

6 Geh! Geht! Gehen Sie!

A 1B   2A
B gehen   lesen   aufstehen
1 du: Buchstabiere bitte! Schreib bitte!
ihr: Buchstabiert bitte! Schreibt bitte!
Sie: Buchstabieren Sie bitte! Schreiben Sie bitte!

2 2 Iss bitte!   3 Sprich bitte!   4 Sieh bitte!   5 Hilf bitte!

3 ihr: Kauft bitte ein! Ruft bitte an! Fangt bitte an!
Sie: Kaufen Sie bitte ein! Rufen Sie bitte an! Fangen Sie bitte an!

4 (2) Reparier   (3) wasch   (4) Macht ... zu   (5) Trinkt   (6) Esst   (7) Lernt   (8) Ruf ... an   (9) Hilf   (10) Kauf

5 2 class   3 class   4 single student   5 single student

6 2 macht bitte die Aufgabe zusammen!
3 buchstabier bitte das Wort!   4 Sprich bitte lauter!
5 Fangt bitte an!

7 *Beispiellösung:* Sprich bitte lauter! Nehmt bitte die Bücher! Lernt für den Test!

7 Ich stehe um 7 Uhr auf.

A einkaufen   fernsehen   anrufen

B ein   an

1 2 Wo steigen wir aus?
3 Emma, mach bitte das Licht aus!

2 1 aufräumen   2 fernsehen   4 anrufen
5 ausmachen   6 einkaufen

3

	2			Ende
Um zehn Uhr Ich	räume kaufe	ich	die Wohnung um zwei Uhr im Supermarkt	auf. ein.
Abends Um elf Uhr	sehe mache	ich ich	das Licht	fern. aus.

4 2 Fabio kauft abends ein.   3 Anna steigt am Alexanderplatz aus.   4 Martha sieht nachmittags fern.

5 2 Siehst du beim Frühstück fern?
3 Steigst du immer am Potsdamer Platz aus?
4 Wann ruft deine Mutter an?

6 2 Mach ... aus 3 Räum ... auf 4 Steig ... ein

7 *Beispiellösung:* Ich räume nachmittags auf. Ich sehe oft fern. Ich kaufe abends ein. Ich rufe oft meine Freundin an. Ich mache um 23 Uhr das Licht aus. Ich schlafe um 23.30 Uhr ein.

8 Ich habe Deutsch gelernt.

A Haben Sie einen Beruf gelernt?
Ich habe ein Jahr in England gelebt und studiert.

B gelebt   gelernt

C haben

1 gehabt   Gefeiert   Getanzt   Gelacht   Gelernt
Gearbeitet   Getanzt   gelacht   gehabt   gehabt

2

ge-...t	...t
gefehlt gefragt geholt gehört gekocht geschneit gereist gesagt gespielt	trainiert verdient verkauft telefoniert

3

ge-...t	gehabt gearbeitet gesucht geschmeckt
...t	benutzt buchstabiert bezahlt bestellt

4 2 lernen, Hast ... gelernt   3 telefonieren, hat ... telefoniert   4 hören, haben ... gehört   5 besuchen, Habt ... besucht   6 spielen, haben ... gespielt

5 2 haben ... gehört   3 habe ... gefragt   4 hat geschneit   5 habe ... verkauft   6 habe ... repariert   7 Hast ... gespielt

7 *Beispiellösung:* Ich habe Handball gespielt. Ich habe bei einer Firma in München gearbeitet.

9 Wir haben Pommes frites gegessen.

A Am Nachmittag haben wir am Strand gelesen und geschlafen.
Die Sonne, der Wind! Cool! Am Abend haben wir Cocktails in der *Wunderbar* getrunken.

B gegessen   getrunken

1 denn schon gelesen? – Nein, habe ich nicht.
du den Film gesehen? – Ja, er war super.
Hast du gut geschlafen? – Ja, danke.

2 ☞ 2 halten   6 essen   7 trinken
1 schlafen   3 lesen   4 finden   5 geben

3 Hamburg

4 gegessen, Hast ... gegessen?   gehalten, hat ... gehalten
gelesen, haben ... gelesen   geschlafen, Habt ... geschlafen?   getrunken, haben ... getrunken

5 (2) gegessen   (3) gespielt   (4) gelesen   (5) geschlafen
(6) geduscht   (7) getrunken

6 2 hat ... gehalten, hat ... gesehen   3 Habt ... gegessen
4 habe ... gefunden

7 *Beispiellösung:* Ich habe Kaffee getrunken. Ich habe Zeitung gelesen. Ich habe Müsli gegessen.

10 Wir sind Fahrrad gefahren.

A Wir haben die ganze Insel gesehen. Am Nachmittag ist dann Carla gekommen, eine Freundin aus Hamburg. Am Abend haben wir getanzt und gefeiert.

B gefahren   gekommen

1 2c   3a

2 laufen – gelaufen   kommen – gekommen
   gehen – gegangen
3 2 gekommen, bist ... gekommen   3 gefahren,
   ist ... gefahren   4 gegangen, sind ... gegangen
   5 gefahren, seid ... gefahren   6 gegangen,
   sind ... gegangen
4 (2) haben   (3) sind   (4) sind   (5) haben   (6) sind
   (7) haben   (8) hat   (9) bin   (10) habe   (11) ist
   (12) habt   (13) sind   (14) haben   (15) haben   (16) bin
5 Dann habe ich gefrühstückt. Ich habe Kaffee
   getrunken und Toast gegessen. Am Vormittag
   habe ich die Zeitung gelesen. Dann habe ich ein
   bisschen gelernt. Am Nachmittag bin ich in die Uni
   gegangen. Dann habe ich Sport gemacht. Am Abend
   habe ich Musik gehört und bin ins Bett gegangen.
6 *Beispiellösung*: Hast du schon einmal Tango getanzt?
   Bist du schon einmal im Central Park
   gelaufen? Hast du schon einmal etwas gewonnen?

11 Ihr könnt unsere Parkplätze benutzen.

A 2A   3C
B könnt
1 2 possibility   3 skill
2 2 können   3 kannst   4 könnt
3 (2) kann   (3) kannst   (4) kann
4 Ich kann auch Yoga machen. Du kannst die Parkplätze
   gratis benutzen.   Er kann richtig gut erklären.
5 Könnt ihr denn zum Yogakurs kommen?
   Können wir mal zusammen trainieren?
   Könnt ihr bitte den rechten Arm heben.
6 2 kann   3 Können   4 Können   5 Kann, kann
7 *Beispiellösung*: gut: Ich kann gut singen.
   (gar) nicht: Ich kann gar nicht (gut) Fußball spielen.

12 Muss ich mehr arbeiten?

A Du musst mehr arbeiten!
   Du musst die E-Mails checken. Du musst ...
B muss   musst
1 2 muss   3 müssen   4 musst
2 2 musst   3 muss   4 musst
3 Müssen Sie noch auf einen Kunden warten? Müssen
   Sie heute auch noch telefonieren? Müsst ihr zum Chef
   gehen? Müsst ihr jetzt nicht ins Meeting?
4 2 Emilie muss Getränke für die Party kaufen.
   3 Sie muss in die Stadt gehen.   4 Er muss jetzt gehen.
5 (2) kann   (3) musst   (4) müssen   (5) könnt   (6) muss

6 *Beispiellösung*: immer pünktlich sein. Muss ich?
   Du musst das Leben genießen. Muss ich?

13 Was willst du werden?

A 1B   2A
B will   möchte
1
	möchten	wollen
du	möchtest	willst
er / es / sie	möchte	will
wir	möchten	wollen
ihr	möchtet	wollt
sie / Sie	möchten	wollen

S	W	Q	Z	M	W	Y	Z	C	V
C	I	W	M	Ö	C	H	T	E	B
Y	L	M	Ö	C	H	T	E	N	Y
X	L	R	N	H	R	M	M	W	E
Q	A	T	T	T	R	M	Ö	O	M
W	R	U	P	E	I	Ö	C	L	W
W	O	L	L	T	R	C	H	L	O
I	O	P	A	C	V	H	T	E	L
A	S	M	Ö	C	H	T	E	N	L
W	I	L	L	J	K	E	T	Y	E
A	S	Q	W	R	T	S	O	U	N
M	W	I	L	L	S	T	P	I	Z

2 2 will   3 Willst   4 wollen   5 Wollt   6 will
3 2c   3a   4e   5b
4 (2) möchte   (3) Möchten   (4) möchten   (5) Möchtet
5 2 Möchtest   3 möchte   4 möchten
6 2 Sie möchte Psychologie studieren.   3 Ich will einen
   Beruf lernen.   4 Wir wollen einen Englischkurs
   machen.
7 *Beispiellösung*: Ich möchte in einem Haus auf dem
   Land wohnen, zwei Kinder und einen Hund haben.
   Ich will eine Weltreise machen. Ich will studieren.
   Ich will glücklich sein.

14 Wir dürfen viel sprechen.

A Wir dürfen nicht schlafen. ✗   Wir dürfen lesen. ✓
   Wir dürfen nicht telefonieren. ✗   Wir dürfen Fehler
   machen. ✓   Wir dürfen keine Musik hören. ✗
   Wir dürfen Smartphones benutzen. ✓
B dürfen
1 darf   darf   dürfen   dürft   dürfen
2 2 darf   3 dürft   4 darf   5 dürfen

3 2 Dürfen wir Sie zu einem Kaffee einladen?
höfliche Frage
3 Es darf nicht mehr als 15 Euro kosten. Verbot
4 Achtung! Das dürfen Sie nicht tun! Verbot
5 Hier im Kurs darf man nicht essen. Verbot
6 Darf ich Sie um etwas bitten? höfliche Frage
7 Ihr dürft hier nicht rauchen. Verbot
8 Was darf es denn sein? höfliche Frage

4 2 dürft   3 darf   4 darfst   5 dürfen   6 darf

5 DU DARFST INS ARBEITSBUCH SCHREIBEN.
PAOLA DARF NEBEN JULIA SITZEN.
ICH DARF MONTAGS SPÄTER KOMMEN.

6 Wollen   willst

7 *Beispiellösung:* Wir dürfen lange Pause machen. Wir dürfen draußen rauchen. Wir dürfen nicht schlafen.

15 Was soll ich denn tun?

A Mama, ich habe Husten, Schnupfen und Fieber. Was <u>soll</u> ich denn tun?   Trink Tee, iss eine Suppe und bleib im Bett!   Schlafen ist wichtig!   Lisa: Und? Was schreibt sie?   Jo: Ich <u>soll</u> Tee trinken. Ich <u>soll</u> Suppe essen und ich <u>soll</u> im Bett bleiben.

B soll   trinken   essen

1 soll   soll   soll(en)   soll(t)   soll(en)

2 2 soll   3 soll   4 Sollt   5 sollst

3 aus der Garage holen und Steaks und Bier kaufen. Wir sollen auch einen Salat machen und Tim und Sara anrufen.

4 2 ich soll viel Tee trinken.   3 ich soll die Tabletten nehmen.   4 ich soll im Bett bleiben.

5 2 Sollen wir die Tabletten bestellen?   3 Soll ich Ihnen helfen?   4 Soll ich etwas mitbringen?   5 Soll ich heute kommen?   6 Sollt ihr mehr Sport machen?

6 2 sollen   3 Soll   4 sollt   5 soll   6 Sollen

7 *Beispiellösung:* Wir sollen die Vokabeln lernen. Wir sollen viel schreiben. Wir sollen die Hausaufgaben machen. Wir sollen oft Deutsch sprechen.

16 Der Film

A das   die

B das   die

1 der Wagen   das Auto   das Motorrad   das Flugzeug
die U-Bahn   die Straßenbahn   die Straße

2

●	●	●
der Tisch, der Stuhl	das Sofa, das Fahrrad	die Lampe, die Jeans, die Bluse, die Uhr

3 Computer, Bild, Taxi, Pizza, Jacke, Handy, Motorrad, Marmelade, Hotel

4 ●: der Computer
● : das Bild, das Taxi, das Handy, das Motorrad, das Hotel
● : die Pizza, die Jacke, die Marmelade

5 2 das   3 der   4 die

6 2 das   3 der   4 die

7 *Beispiellösung:* der Strand, der Fußball, die Freunde, die Musik, das Auto, das Buch, die Sonne, das Smartphone, die Natur, die Katze

17 Äpfel und Birnen

A <u>Birnen</u>, <u>Orangen</u>

B Birnen, Äpfel

1

-n	-en	-s
die Straße – die Straßen, die Ampel – die Ampeln, die Tomate – die Tomaten	die U-Bahn – die U-Bahnen	das Café – die Cafés, das Auto – die Autos

2 2 Kinder   3 Lieder   4 Arme   5 Schilder   6 Beine   7 Filme

3 2 die Kuchen   3 die Hähnchen

4 2 Bäume   3 Grüße   4 Fahrräder   5 Mütter   6 Gläser   7 Züge

5

Singular	Plural
das Heft, das Brötchen, der Stift, das Buch, das Kind, die Pause, der Arzt, der Stuhl, das Ei	die Hefte, die Brötchen, die Stifte, die Bücher, die Kinder, die Pausen, die Ärzte, die Stühle, die Eier

6 2 Stühle   3 Stifte   4 Bücher

7 Bücher, Stifte, Stühle, Tische, Hausaufgaben, Computer, Radiergummis

8 1 Kartoffeln   2 Tomaten   3 Äpfel, Bananen und Birnen   4 Orangen

9 die Tomate   der Gast   das Geschäft   das Glas   die Birne   die Blume   das Brötchen

10 *Beispiellösung:* Nudeln – die Nudel, Kartoffeln – die Kartoffel, Bananen – die Banane, Äpfel – der Apfel

18 Die Küche kostet nicht viel.

A <u>Eine</u> Küche von XL-Möbel kostet nicht viel. Stimmt! Und <u>die</u> Küchen von XL-Möbel sind cool!

B die die

1

der Tisch	ein Tisch	mein Tisch	kein Tisch
das Sofa	ein Sofa	mein Sofa	kein Sofa
die Lampe	eine Lampe	meine Lampe	keine Lampe

2 ●: der Gemüseladen, der Spielplatz, der Kindergarten, der Supermarkt
●: das Restaurant, das Geschäft, das Café, das Haus
●: die Kirche, die Metzgerei, die Schule, die Straße

3 (2) die   (3) das   (4) die   (5) die   (6) der   (7) die
(8) die   (9) der   (10) der   (11) der

4 2 ein   3 Ein   4 –

5 meine: ● feminin   mein: ● neutral

6 (2) mein   (3) Mein   (4) meine   (5) Mein   (6) Mein

7 *Beispiellösung:* Bücher, mein Smartphone, Freunde, mein Bett, Musik

19 Ich bestelle einen Salat.

A Ich bestelle schon mal eine Pizza und einen Salat.

B den   eine

1

den Salat	einen Salat	meinen Salat	keinen Salat
das Bier	ein Bier	mein Bier	kein Bier
die Pizza	eine Pizza	meine Pizza	keine Pizza

2
```
      D
   E I N
   I
M E I N E N
E       E
I       N
N
E
N
```

3 2 Ich habe das Brot vergessen!   3 Ich habe die Tomaten vergessen!   4 Ich habe die Butter vergessen!   5 Ich habe den Käse vergessen!   6 Ich habe den Salat vergessen!

4 2 ein Bier   3 eine Cola   4 einen Salat   5 Spaghetti   6 eine Suppe   7 Pommes Frites   8 einen Kaffee

5 2 kein(e) Ei(er)   3 keine Suppe   4 keinen Burger   5 keinen Salat

6 2 die Antwort   3 das Wort   4 die Vokabeln
5 die Artikel   6 den Dialog

7 *Beispiellösung:* ein Smartphone, ein Kursbuch, Hausaufgaben, ein Wörterbuch, einen Apfel, eine Flasche Wasser, einen Bleistift, ein Heft

20 Ich nehme den Computer.

A Ich nehme auch die Tasche und den Drucker. Und wir brauchen eine Maus.

B habe   nehme   brauchen

C 2

1 holen   trinken   stellen   suchen   haben

2 Zauberwort: Akkusativ

3 Du nimmst eine Jacke.   Er sucht eine Hose.
Sie hat ein Kleid.   Wir brauchen einen Mantel.
Ihr sucht eine Tasche.   Sie brauchen Schuhe.

4 1 Sie hat einen Job bei Siemens.   2 Ihr nehmt das Smartphone.   3 Tim und Nina kaufen ein Haus in Berlin.   4 Wir suchen den Autoschlüssel.
5 Ich brauche noch einen Drucker.

5 *brauchen:* Ich brauche Zeit.   Ich brauche einen Urlaub am Meer.   Ich brauche ein Handy.   Ich brauche einen Kaffee.
möchten: Ich möchte ein Haus in München.
Ich möchte ein Auto.   Ich möchte einen Job bei Apple.
Ich möchte ein Smartphone.

21 Die Boutique gehört einem Freund.

A 1B einem Freund   2A dem Taxi

B dem   einem

1

• mit dem Bus	mit einem Bus	mit meinem Bus	mit keinem Bus
• mit dem Taxi	mit einem Taxi	mit meinem Taxi	mit keinem Taxi
• mit der U-Bahn	mit einer U-Bahn	mit meiner U-Bahn	mit keiner U-Bahn

2 2 mit der Straßenbahn.   3 mit dem Fahrrad.
4 mit dem Auto.   5 mit dem Motorrad.   6 mit dem Zug.

3 definite: Gehst du zu Fuß? Nein, ich fahre mit dem Bus.
Indefinite: Wem gehört das iPad? Das gehört einer Freundin.   definite: Ist das dein Smartphone? Nein, es gehört dem Lehrer.

4 2 Freunden   3 einem Mietauto   4 einem Freund
5 einer Kollegin

5 (2) meinem Bruder   (3) meiner Schwester
(4) meinem Vater   (5) meiner Mutter
(6) meinem Lehrer   (7) meiner Kollegin

6 2 meiner Schwester   3 meinem Bruder   meinem Chef

7 *Beispiellösung*: mit dem Zug, mit der S-Bahn, mit dem Fahrrad

22 Die Pizza schmeckt der Frau.

A   2 A   3 C

B   schmeckt

1 2 gefällt   3 hilft   4 Gefallen   5 danken

2 2 Der Chef dankt der Kollegin.   3 Das Auto gehört dem Freund.   4 Die Pizza schmeckt dem Kind.   5 Das Haus gehört der Chefin.   6 Das Kind hilft dem Mann.

3 **Akkusativ**: b, e, f, i, j   **Dativ**: a, c, d, g, h

4 **Singular**: Das Haus gefällt der Frau.   Die Stadt gefällt dem Mann.   Die Pizza schmeckt der Kollegin.
Plural: Die Wohnungen gehören dem Lehrer.
Die Bücher gehören der Chefin.   Die Brötchen schmecken der Großmutter.

5 *Beispiellösung*: Ich helfe meiner Großmutter.
Ich helfe meinem Bruder. Ich helfe meinem Freund.
Ich helfe dem Kind. Ich helfe meiner Schwester.

23 Er ist viel zu klein.

A   es   sie

B   • neutral: das Bett   • feminin: die Lampe

1 er: der Hund, der Tisch, der Mann, Tom, Herr Müller
es: das Bett, das Pony, das Baby, das Mädchen
sie: die Lampe, die Frau, Frau Frank, Emilie
sie: die Stühle, die Katzen, Steffi und Ben

2 2 a   3 d   4 c

3 2 sie   3 Es   4 sie   5 Er   6 es

4 2 sie   3 er   4 sie   5 es   6 er   7 sie

5 2 Wo ist die Firma? ... Sie   3 Woher kommt der Drucker? ... Er   4 Wie ist das Apartment? ... Es

6 Sie ist weiß und groß.   Er ist billig und praktisch.

24 Ich liebe dich.

A Das ist Jonas. Er ist mein Vater. Ich liebe ihn.

B ihn   sie

1 2 Und ist das dein Bruder? – Ja, kennst du ihn?
3 Ist das deine Mutter? – Ja, ich liebe sie.

2 2 ihn   3 sie   4 es   5 ihn

3 2 dich   3 Sie   4 dich

4 2 dich   3 dich   4 euch

5 2 uns   3 mich   4 uns

6 2 Ja, ich liebe sie sehr.   3 Ja, wir brauchen sie.
4 Okay, ich mache sie zu.   5 Ich kenne ihn nicht.

7 Deutsch: Er liebt mich, er liebt mich nicht.

8 *Beispiellösung*: Mein Haus? Ja, ich liebe es. Meine Mutter? Ja, ich liebe sie. Meinen Vater? Ja, ich liebe ihn. Meinen Job? Ja, ich liebe ihn. Mein Kind? Ja, ich liebe es.

25 Gefällt mir.

A Du liebst Wien.: Gefällt dir.   Und wir wohnen gerne in Berlin.: Gefällt uns.   Du magst die Berge: Gefällt dir   Ich liebe die Sonne und den Strand.: Gefällt mir.   Und wir leben gerne auf dem Land.: Gefällt uns.

B mir   dir   uns

1 ihnen: them   ihr: her   mir: me   ihm: him

2 2 Ihr   3 ihm   4 ihm

3 2 euch   3 euch   4 uns

4 2 euch   3 mir   4 ihm   5 Ihnen   6 ihnen   7 dir   8 ihr

5 1 mir   2 ihm   3 Ihnen   4 mir   5 mir   6 dir   7 mir   8 dir, mir

6 *Beispiellösung*: Meine Freundin möchte in Kanada leben. Kanada gefällt ihr. Mein Mann möchte in Paris wohnen. Paris gefällt ihm. Meine Mutter möchte in der Stadt wohnen. Die Stadt gefällt ihr.

26 Nichts geht mehr!

A 1B 2A

B alles   nichts

1 1 nichts   2 nichts   3 alles   4 nichts

2 (2) nichts   (3) etwas   (4) nichts   (5) nichts   (6) etwas

3 Ich möchte mehr Urlaub. Meine Frau braucht mehr Zeit. Wir brauchen mehr Wohnungen in Deutschland. Der Koch braucht mehr Arbeit.

4 2 nichts   3 nichts   4 mehr

5 2 kann man das Brandenburger Tor sehen.   3 kann man das Schloss Belvedere besichtigen.   4 kann man den Eifelturm sehen.

6 2 nichts   3 etwas   4 mehr   5 man

7 *Beispiellösung*: Man kann Eis essen. Man kann ins Kino gehen. Man kann viele Kirchen besichtigen.

27 Die Studentin kommt aus Nigeria.

A 2B 3A

B die   eine

1 **definit**: Gehst du ins Stadion? Ja, *das* Spiel fängt gleich an. / Wann kann ich *den* Schrank abholen? Morgen. Dann ist er auch fertig.
indefinit: Möchten Sie *einen* Kaffee? Ja, gerne.

2 2 Der   3 Die   4 Das   5 Der

3 2 einen   3 ein   4 eine

4 2 eine, Die   3 ein, das   4 einen, ein, Das

5 1 ein, Der   2 –, Die   3 ein, ein, das   4 eine, die

6 (2) eine   (3) ein   (4) ein   (5) den   (6) die   (7) das   (8) das

7 *Beispiellösung*: Hast du ein Haustier? Hast du einen Laptop? Hast du eine Schwester? Wohin hast du eine Reise gemacht? Wann kaufst du ein Handy?

28 Nein, das ist auch kein Baum.

A Laura: Ist das *ein* Baum? ☺   ich: Nein, das ist auch *kein* Baum. ☹   Laura: Ah, das ist *eine* Lampe. ☺   ich: Ja, *eine* Lampe. ☺

B ein   kein   eine

1 • ein   • eine   • kein   • keine

2 3 kein   4 kein   5 ein   6 eine   7 keine   8 keine   9 –

3 2 Das ist kein Tisch.   3 Das ist ein Auto.   4 Das ist kein Auto.   5 Das ist eine Uhr.   6 Das ist keine Uhr.

4 2 Ist das eine Lampe? – Nein, das ist keine Lampe.   3 Ist das ein Schrank? – Ja, das ist ein Schrank.   4 Ist das ein Bett? – Nein, das ist kein Bett.

5 2a Also, ich mag eigentlich keinen Fisch.   3d Ja, es kommen heute keine Busse mehr.   4b Möchtest du ein Bier oder einen Wein? – Gerne ein Bier.   5c Nein, ich habe keinen Garten.

6 2 Eine, keine, ein   3 keine   4 eine, keinen   5 kein

7 *Beispiellösung*: Das ist doch kein Bett, das ist eine Badewanne. Das ist doch kein Salz, das ist Zucker. Das ist doch kein Telefon, das ist eine Banane.

29 Ich habe immer Orangensaft im Kühlschrank.

A Ich habe natürlich immer Orangensaft und <u>Eis</u> im Kühlschrank. Dann brauche ich noch <u>Obst</u> für meinen Lieblings-Smoothie: <u>Bananen</u>, <u>Äpfel</u> und <u>Zitronen</u> …

B Orangensaft   Obst

1 **definiert**: Was? Achttausend Euro! Ja, ich brauche <u>das Geld</u> für das neue Auto. / Kannst du mir bitte <u>das Salz</u> geben? Ja, hier bitte.
nicht definiert: Brauchen wir <u>Salz</u>? Nein, <u>Salz</u> haben wir.

2 2 das   3 –   4 –

3 BANANEN   TOMATEN   EIER   ORANGEN   MÖHREN   KARTOFELN

4 2 Bananen und Milch.   3 Eier und Schinken.   4 Möhren und Kartofeln.   5 Bananen und Orangen.   6 Salat. Eier

5 3 –, –   4 den   5 –   6 Das   7 –, –   8 Der

6 2 Brauchen wir auch ~~die~~ Milch? Ja, bitte kauf zwei Liter.   3 Und was frühstückt ihr gerne? – ~~Die~~ Brötchen mit Marmelade.

7 Ich brauche Geld. – I need money.   Wir essen Toast zum Frühstück. – We have toast for breakfast.

8 *Beispiellösung*: Joghurt, Gemüse und Obst / Marmelade und Eier / Bier oder Wein

30 meine Familie, deine Familie

A Er ist <u>mein</u> Vater.   Sie ist <u>meine</u> Mutter.

B mein   meine

1 meine Tochter

2 2 Mae, was sind <u>deine</u> Hobbies?   3 Und <u>deine</u> Lieblingsfarbe ist …?   4 Ich nehme <u>meinen</u> Hund mit.

3

mein-	dein-	ein-	kein-
mein Mantel	dein Mantel	ein Mantel	kein Mantel
meine Freundin	deine Freundin	eine Freundin	keine Freundin
mein Auto	dein Auto	ein Auto	kein Auto

4 dein Haus   mein Mantel   deine Freundin   meine Katze

5 2 dein   3 deine   4 meine

6 (2) Mein   (3) meine   (4) Meine   (5) mein   (6) mein   (7) deine   (8) dein   (9) deine   (10) deine

7 2e Komm, wir nehmen mein Auto!   3a Ich habe deinen Vater gesehen.   4c Kennst du meinen Freund?   5d Ich suche meinen Chef.

8 *Beispiellösung:* Mein Vater ist Bäcker von Beruf. Er kommt aus Hamburg, aber jetzt wohnt er mit meiner Familie in Heidelberg.
Meine Mutter heißt Maria. Meine Mutter ist Lehrerin von Beruf. Meine Mutter arbeitet in einer Schule.

31 sein Haus, ihr Haus

A Ihr Zimmer ist klein, aber sehr schön. Ihre Freunde heißen Carla und Ali. Sie wohnen auch da.   Und das ist sein Haus. Wow, sein Garten ist super. So viele Blumen! Und sein Hund heißt Fluffy.

B sein   ihr   ihre

1 2 Mann   3 Mann   4 Mann   5 Frau

2 ihr Auto: her car   ihre Freundin: her friend

3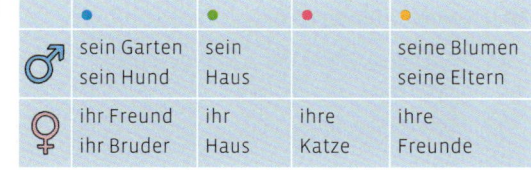

4 2 seinen   3 ihren   4 ihre   5 seine   6 seine   7 ihre   8 ihren

5 (2) Ihre   (3) Ihr   (4) Ihr   (5) ihr   (6) Ihre

6 Jetzt wohnt er in Köln. Seine Eltern leben in Neapel, aber seine Schwester wohnt auch in Köln. Seine Frau heißt Eva. Sie kommt aus Köln. Seine Kinder sind / heißen Fabiana und Vittoria.

7 *Beispiellösung:* Ihr Hund ist süß. Ihre Wohnung ist groß. Ihre Augen sind grün.

32 unser Pool, euer Apartment

A 2 Ja, wir sind schon da.   3 Und wie ist euer Apartment?   4 Super! Nur unser Pool ist so klein.

B unser   euer

1 unsere Terrasse: our terrace   euer Apartment: your apartment

2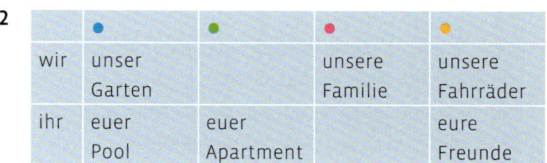

3 2 eu~~e~~re Autos   4 eu~~e~~re Küche

4 Das ist unser Haus.   Das ist unsere Terrasse.

5 3 eure   4 euer   5 unser   6 unsere   7 euer   8 euer

6 2 unsere   3 euer   4 eure

7 *Beispiellösung:* In unserem Garten gibt es viele Blumen und einen Apfelbaum. In unserem Garten feiern wir oft Partys. Unsere Freunde sind sehr nett und lustig. Unsere Freunde reisen viel. Unsere Freunde sprechen viele Sprachen.

33 Dein Team, Ihr Team

A Dein AutoDirekt-Team.   Vielen Dank für Ihre Reservierung. Ihr Zimmer ist fertig. Ihr Team im Hotel Berlin

B dein   dein   Ihr

1

	●	●	●	●
Sie	Ihr Mini Ihr Lieblingsfilm Ihr Beruf	Ihr Geld Ihr Ticket	Ihre Adresse Ihre Frau	Ihre Schlüssel Ihre Söhne
du	dein Ausweis dein Name dein Garten	dein Auto dein Fahrrad	deine Familie	deine Freunde

2 2f   3i   4i   5i   6f

3 2c: Ist das dein Freund?   3a: Bitte öffnen Sie Ihren Mund!   4d: Deine Schuhe sind cool!

4 2 deine   3 deine   4 Ihr   5 Ihr   6 dein   7 Ihre   8 deine

5 2 deinen   3 deine   4 deine   5 deinen   6 dein

6 2 deine   3 deine   4 Ihre   5 Ihr

7 *Beispiellösung*: Was ist Ihr Beruf? Was ist Ihr Lieblingsfilm? / Wie heißt Ihr Lieblingsfilm?

34 Ich komme aus Berlin.

A B Wir wohnen in Berlin.   C Ich fahre nach Berlin.

1 2 Ich komme <u>aus</u> Kuba und wohne jetzt <u>in</u> München.   3 Morgen fahre ich <u>nach</u> Berlin.   4 Er besucht seine Verwandten <u>in</u> Polen.   5 Fahr <u>nach</u> rechts, geradeaus und dann <u>nach</u> links.

2 1 d, f, g   2 c, e, i, j   3 a, h, k

3 aus: from   nach: to

4 (2) aus   (3) aus   (4) aus   (5) nach   (6) In

5 2 nach   3 In   4 aus   5 Nach   6 In   7 Aus   8 In

6 *Beispiellösung*: Jetzt lebt sie in London, in England. Sie hat auch in Deutschland gelebt.

35 Ich wohne auf dem Land.

A 1 B   2 A

B auf dem   in der

1 2 auf dem Tisch   3 Auf dem Formular   4 auf dem Marktplatz   5 auf der Straße   6 auf der Bank

2 2 b Er sitzt <u>im</u> Park und liest.   3 a Ja, gerne. Und wo? <u>Im</u> Parkcafé?   4 c <u>In</u> der Zeitung.

3 Kino, Schule, Internet, Zug, Supermarkt, Hotel, Apotheke, Stadt, Straße, Haus, Garten, Bett, Küche, Kühlschrank, Schrank

4 • im Supermarkt, im Garten, im Kühlschrank, im Schrank
   • im Internet, im Zug, im Hotel, im Haus, im Bett
   • in der Schule, in der Apotheke, in der Stadt, in der Straße, in der Küche

5 (2) in der   (3) im   (4) auf dem   (5) im   (6) in der   (7) im   (8) auf dem

6 2 im Internet   3 im Supermarkt   4 Im Hotel   5 in der Schule   6 in der Apotheke

7 *Beispiellösung*: Ich wohne in der Stadt. In einem Apartment. Meine Freundin wohnt auf dem Land. In einem Haus.

36 Wir gehen ins Kino.

A 2 A   3 D   4 B

B Club   Kino

1 2 in die Stadt   3 ins Restaurant   4 in den Park

2 ins Kino: to the cinema   in die Stadt: to town

3 • in den Garten, in den Park, in den Supermarkt
   • ins Bett, ins Museum, ins Büro, ins Schwimmbad, ins Restaurant, ins Dorf, ins Bad, ins Café, ins Hotel
   • in die Universität, in die Pizzeria, in die Disco, in die Kirche

4 (2) ins   (3) in den   (4) ins   (5) in den   (6) in den   (7) in die   (8) ins

5 2 ins   3 In die   4 in die   5 in den   6 ins   7 in den   8 in die

6 *Beispiellösung*: Ich gehe ins Kino. Ich gehe ins Café. Ich gehe in die Stadt.

37 Sie ist beim Training.

A Wollen wir einen Kaffee <u>bei</u> Fillipo trinken?   Ja, gerne! Muss aber noch <u>zum</u> Friseur.   Gut. Also um sechs <u>bei</u> Fillipo!

B beim   zum

1 2 a Ich muss noch <u>zum</u> Arzt   3 c <u>Bei</u> der Polizei.

2 zum: to   beim: at

3 1 d, f   2 a, e   3 c

4 2 bei der Post   3 bei Familie Müller   4 beim Arzt

5 zum Doktor, zur Schule, zum Bahnhof, zum Flughafen. zur Bäckerei, zur Post, zum Geschäft

6 2 zur   3 zum   4 zum   5 zur   6 zur

7 *Beispiellösung*: … zur Post. Ich muss noch zur Apotheke.

38 Ich komme um 20 Uhr.

A <u>Am</u> Freitag <u>um</u> 20 Uhr   Jazz <u>im</u> Sommer   <u>Am</u> Samstag <u>um</u> 10 Uhr

B Freitag   Sommer

C Wann?

1 2 <u>Am</u> Wochenende.   3 <u>Um</u> sieben Uhr.

2 um 10 Uhr: at ten o'clock   am Montag: on Monday

3 am: zweiten September, Abend, Morgen, Nachmittag
   um: 22 Uhr, halb drei, Viertel vor eins
   im: Mai, Winter, Oktober

4 (2) Am   (3) um   (4) Am   (5) Um   (6) am   (7) um

5 2 Im   3 Am   4 am   5 Um

6 *Beispiellösung*: … mache ich Yoga. Am Vormittag lerne ich Deutsch. Am Freitag um 16 Uhr treffe ich meinen Freund. Wir gehen in ein Café und am Abend gehen wir ins Kino.

39 Vor dem Spiel.

A vor dem Spiel B
nach dem Spiel A

B vor dem   nach dem

1 2 Wann soll ich kommen? – Komm bitte vor zehn Uhr.
3 Gehen wir auch ins Café? – Ja, klar. Vor dem Konzert.
4 Musst du noch lernen? – Ja, das mache ich nach dem Essen.   5 Kann ich später noch einmal anrufen? – Ja, aber bitte nicht nach 23 Uhr.

2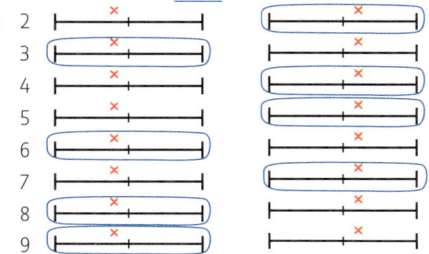

3 2 Vor dem Essen.   3 Nach dem Film.   4 Nach den Ferien.   5 Nach der Arbeit.   6 Vor dem Frühstück.
7 Vor der Prüfung.   8 Nach dem Deutschkurs.

4 2 dem   3 dem   4 dem   5 der   6 dem

5 10:15 Uhr: Es ist Viertel nach zehn.   18:20 Uhr: Es ist zwanzig nach sechs.   17:40 Uhr: Es ist zwanzig vor sechs.   23:55 Uhr: Es ist fünf vor zwölf.   00:05 Uhr Es ist fünf nach zwölf.

6 *Beispiellösung*: Vor dem Deutschkurs dusche ich. Nach dem Deutschkurs koche ich.

40 Ich fahre mit dem Bus.

A ☺ Ich fahre immer mit der U-Bahn.   ☹ Ich fahre mit dem Taxi.   ☺ Ich fahre oft mit dem Bus.
☹ Ich fahre immer mit dem Auto.

B mit dem   mit dem

C Wie?

1 2 b   3 d   4 a   5 e

2 1 mit dem Bus.   2 mit der Straßenbahn.   3 mit dem Taxi.

3 mit dem Bus

4 (2) dem   (3) dem   (4) dem

5 2 Tom fährt mit der Straßenbahn.   3 Emma fährt mit dem Zug/ICE.   4 Emilia fährt mit dem Auto.   5 Paula fährt mit der U-Bahn.   6 Lee fährt mit dem Fahrrad.

6 *Beispiellösung*: Ich fahre mit der U-Bahn ins Büro. Ich fahre mit der Straßenbahn ins Fitness-Studio. Ich fahre mit dem Auto zum Supermarkt.

41 Wie heißt du?

A Sebastian Vettel   Angelina Jolie

B Wie   Woher   Wo

1 2 Was   3 Wann   4 Wo   5 Wohin   6 Woher

2 Woher?: where ... from   Wie?: how   Wo?: where

3 Wo wohnen Sie?, Was ist das?, Wohin fahren wir?, Woher kommst du?, Wer ist das?, Wann bist du geboren?

4

	2	
Woher	kommt	Emma?
Wie	heißt	die Straße?
Wann	kommst	du?
Wohin	fliegt	ihr?
Was	kostet	der Schinken?
Wer	hat	kein Buch?

5 *Beispiellösung*: Was machst du am Wochenende? Wie groß bist du? Wie viele Geschwister hast du? Wie alt bist du?

42 Ist die Wohnung noch frei?

A Hat die Wohnung einen Balkon? Ist die Wohnung möbliert?

B Hat

1 2 Nein   3 Nein   4 Ja

2 2 d   3 a   4 c

3

	2		
Wie	heißt		denn die Straße?
	Ist	das Haus	nicht teuer?
Das Apartment	ist		nicht möbliert.

4 2 Wohnst du in Berlin?   3 Hat sie denn eine Wohnung?
4 Ist die U-Bahn-Station in der Nähe?

5 2 Sprechen Sie Deutsch? – Ja   3 Hat die Wohnung einen Balkon? – Nein   4 Wohnen Sie in Frankfurt? – Nein

6 2 Wo wohnt Lisa?   3 Sind Tim und Lisa Freunde?
4 Woher kommt Lisas Familie?

7 *Beispiellösung*: Gibt es einen Balkon? Sind Haustiere erlaubt? Ist die Wohnung frei? Ist der Bahnhof in der Nähe?

43 Morgen fahre ich nach Paris.

A Heute bin ich in Wien.   Morgen fahre ich nach Paris.

B bin   fahre

1 Am Nachmittag geht er in die Stadt. Er trifft Freunde. Dann gehen sie ins Café. Sie trinken Tee oder Kaffee. Am Abend spielen sie Fußball.

2

	2		
Am Nachmittag	geht	er	in die Stadt.
Er	trifft		Freunde.
Dann	gehen	sie	ins Café.
Sie	trinken		Tee oder Kaffee.
Am Abend	spielen	sie	Fußball.

3 2 Um sieben Uhr frühstückt er.   3 Dann nimmt er den Bus.   4 Am Nachmittag trifft er seine Freundin.   5 Später geht er ins Fitness-Studio.

4 Am Dienstag trinke ich Kaffee mit Emma. Am Mittwoch spiele ich Gitarre mit Frank. Am Donnerstag esse ich Pizza mit Luisa. Am Freitag höre ich Musik mit Tina.

5 3 Um 12 Uhr machen wir Pause.   4 Maria frühstückt am Wochenende gerne im Bett.

6 *Beispiellösung:* ... in die Universität. Am Mittag gehe ich mit meinen Freunden Pizza essen. Am Nachmittag fahre ich nach Hause und lerne Deutsch. Am Abend gehe ich in den Deutschkurs.

44 Ich will jetzt Deutsch lernen.

A *Wirklich? Du musst aber einen Kurs machen.*

Ja! Die Kurse fangen im Januar an.

B   musst   machen
1 2d Heute Abend rufe ich dich an.   3a Mach bitte das Licht aus! Ich möchte schlafen.   4c Wo steigen Sie aus?
2 2 Ich möchte ~~gehen~~ gerne ins Kino gehen.   3 Ich kann ~~kommen~~ leider nicht kommen.   4 Mein Vater muss ~~gehen~~ jetzt gehen.   5 Kann ich ~~benutzen~~ dein Handy benutzen?   Ich muss ~~einkaufen~~ noch einkaufen.
3 2 Gestern haben wir einen Ausflug gemacht.   3 Am Vormittag habe ich Deutsch gelernt.   4 Ist sie mit dem Auto gekommen?   5 Am Wochenende sind wir Fahrrad gefahren.

4

		2			Ende
2	Gestern	habe	ich	die Bücher	gekauft.
3	Meine Freundin Emily	kann		leider nicht	kommen.
4	Sie	ist		krank.	
5	Ich	habe		den Lehrer schon	gesehen.
6	Er	sieht		sehr nett	aus.
7	Nach dem Kurs	muss	ich	noch	einkaufen.
8	Dann	gehe	ich	gleich nach Hause.	

5 *Beispiellösung:* Gestern habe ich mit meinem Freund einen Film gesehen. Gestern bin ich ins Fitness-Studio gegangen. Gestern habe ich lange Deutsch gelernt.

45 Ich komme nicht.

A Wo ist denn die U-Bahn? Sie fährt leider nicht.   Was sagt denn der Chef? Mehr Arbeit und Stress, aber mehr Geld zahlt er nicht.   In der Kantine? Pommes sind aus, und Fisch mag ich nicht.   Und wo ist mein Freund? Der kommt heute nicht.

B nicht
1 2a Nein, leider nicht.   3d Naja, das Hotel gefällt mir nicht. 4c Ich bade nicht so gern. Ich auch nicht. Ich dusche lieber.
2 2 Das ~~nicht~~ weiß ich nicht.   3 Nein, sie ~~nicht~~ kann nicht kommen.   4 Na, hoffentlich ~~nicht~~ regnet es nicht.   5 Er schläft. Er ~~nicht~~ will nicht lernen.
3 2 Nein, Deutschbücher gibt es nicht.   3 Nein, Papier und Bleistifte haben wir nicht.   4 Nein, Tische gibt es nicht.   5 Nein, Computer haben wir nicht.
4 2 Das ~~nicht~~ verstehe ich (nicht).   3 Das Auto ~~nicht~~ funktioniert (nicht).   4 Emma kann (nicht) in den Deutschkurs kommen ~~nicht~~.
5 2 Nein, sein Deutsch ist nicht gut.   3 Nein, Rauchen ist hier nicht erlaubt.   4 Nein, Maria ist nicht da.   5 Nein, das hat Opa nicht verstanden.   6 Nein, das Zimmer ist nicht hässlich.   7 Nein, das Auto ist nicht zu klein.
6 2 Ich bin nicht müde.   3 Ich komme nicht am Vormittag.   4 Ich bin nicht glücklich.
7 *Beispiellösung:* Der Bus ist nicht pünktlich. Die Sonne scheint nicht.

46 Die Sonne scheint und es ist warm.

- **A** Die Sonne scheint <u>und</u> es ist richtig warm. Sylt ist cool. Wir gehen jeden Tag an den Strand. Wir schwimmen im Meer <u>oder</u> spielen mit dem Ball. Unser Lieblingsrestaurant heißt Sansibar. Der Fisch ist super lecker, <u>aber</u> er ist auch sehr teuer.
Liebe Grüße <u>und</u> bis bald
Paul <u>und</u> Emma
- **B** oder   aber   denn
- **1** 2 Ich muss Hausaufgaben machen und (ich muss) noch einkaufen.   3 Wir waren am Strand und (wir) haben viel gelesen.
- **2** 2 Nimmst du (einen) Wein oder (ein) Bier?   Isst du lieber Pizza oder Spaghetti?
- **3** 2 Steffi kommt nicht, denn ihre Katze ist krank.
3 Tim hat keine Zeit, denn er muss zum Training.
- **4** 2 Der Bus ist billig, aber langsam.   3 Das Haus ist klein, aber sehr schön.
- **5** 2 Ich möchte gerne ins Kino und dann eine Pizza essen.   3 Das können wir gerne machen, aber das kostet Geld.   4 Kein Problem, denn ich habe jetzt einen Job und verdiene gut.
- **6** 2 oder   3 aber   4 und
- **7** *Beispiellösung*: Ich lerne Deutsch, denn ich möchte in Deutschland arbeiten.   Ich treffe meine Freunde, denn sie sind nett.

Grammatikübersicht

1 Unregelmäßige Verben

Infinitiv	Präsens	Perfekt
beginnen	beginnt	hat begonnen
bekommen	bekommt	hat bekommen
bitten	bittet	hat gebeten
bleiben	bleibt	ist geblieben
bringen	bringt	hat gebracht
dürfen	darf	hat gedurft
empfehlen	empfiehlt	hat empfohlen
essen	isst	hat gegessen
fahren	fährt	ist gefahren
finden	findet	hat gefunden
fliegen	fliegt	ist geflogen
geben	gibt	hat gegeben
gefallen	gefällt	hat gefallen
gehen	geht	ist gegangen
gewinnen	gewinnt	hat gewonnen
haben	hat	hat gehabt
halten	hält	hat gehalten
helfen	hilft	hat geholfen
kennen	kennt	hat gekannt
kommen	kommt	ist gekommen
können	kann	hat gekonnt
laufen	läuft	ist gelaufen
lesen	liest	hat gelesen
liegen	liegt	hat gelegen
mögen	mag	hat gemocht
müssen	muss	hat gemusst
nehmen	nimmt	hat genommen
riechen	riecht	hat gerochen
scheinen	scheint	hat geschienen
schlafen	schläft	hat geschlafen
schreiben	schreibt	hat geschrieben
schwimmen	schwimmt	ist geschwommen
sehen	sieht	hat gesehen
sein	ist	ist gewesen
sitzen	sitzt	hat gesessen
sollen	soll	hat gesollt
sprechen	spricht	hat gesprochen
stehen	steht	hat gestanden
treffen	trifft	hat getroffen
trinken	trinkt	hat getrunken
tun	tut	hat getan
überweisen	überweist	hat überwiesen

Infinitiv	Präsens	Perfekt
unterschreiben	unterschreibt	hat unterschrieben
verstehen	versteht	hat verstanden
waschen	wäscht	hat gewaschen
werden	wird	ist geworden
wissen	weiß	hat gewusst
wollen	will	hat gewollt

2 Verben mit Dativ

Verb	Beispiel
antworten	Sie antwortet ● dem Freund.
danken	Ich danke dir sehr.
geben	Luisa gibt Peter etwas.
gefallen	Die Bluse gefällt mir sehr.
gehören	Das Handy gehört ● meinem Freund.
glauben	Wir glauben ihm.
gratulieren	Er gratuliert ● seiner Frau.
helfen	Wir helfen ● dem Großvater im Garten.
schmecken	Die Pizza schmeckt ● meinem Kind nicht.
stehen	Das Kleid steht dir gut.

3 Verben mit Akkusativ

Verb	Beispiel
abgeben	Ich gebe ● den Wagen ab.
abholen	Wir holen dich ab.
anbieten	Sie bietet ● den Kuchen an.
anklicken	Klick bitte mal ● das Bild an!
ankreuzen	Kreuzt bitte ● die Lösung an!
anmachen	Mach bitte ● das Licht an!
anmelden	Sie meldet ihn an.
anrufen	Er ruft ● seinen Vater an.
anziehen	Ich ziehe ● den Mantel an.
ausfüllen	Füllen Sie bitte ● das Formular aus.
ausmachen	Mach bitte ● das Licht aus!
ausziehen	Er zieht ● den Mantel aus.
bekommen	Ich habe ● den Brief bekommen.
benutzen	Bitte benutzen Sie ● den Aufzug nicht.
besichtigen	Ich möchte gerne ● die Kirche besichtigen.
bestellen	Wir bestellen ● den Wein.
besuchen	Darf ich dich besuchen?
bezahlen	Sie bezahlt ● die Rechnung.
brauchen	Brauchst du ● den Drucker noch?
bringen	Ich bringe ● einen Tee.
buchstabieren	Bitte buchstabieren Sie ● Ihren Namen!

Verb	Beispiel
drucken	Ich drucke ● einen Text.
drücken	Die Mutter drückt ● ihr Kind.
einkaufen	Die Eltern kaufen ● ein Geschenk ein.
einladen	Ich lade ● meinen Freund ein.
empfehlen	Ich empfehle ● den Wein aus Italien.
erklären	Die Lehrerin erklärt ● die Rechnung.
erzählen	Er erzählt ● eine Geschichte.
essen	Sie isst ● einen Hamburger.
feiern	Wir feiern heute ● meinen Geburtstag.
finden	Wir müssen ● die Schlüssel finden.
fragen	Ich frage ihn mal.
gewinnen	Wer gewinnt ● das Spiel?
haben	Ich habe ● einen Freund.
heiraten	Meine Schwester heiratet ● einen Engländer.
holen	Ich hole ● einen Kaffee.
hören	Wir hören ● den Text.
mitbringen	Ich bringe ● das Bild mit.
möchten	Ich möchte ● die Suppe.
mögen	Sie mag ● keinen Kaffee.
nehmen	Ich nehme ● den Bus.
öffnen	Er öffnet ● das Geschenk.
rauchen	Der Mann raucht ● eine Zigarre.
reparieren	Der Handwerker repariert ● das Dach.
riechen	Der Hund riecht ● die Katze.
sagen	Der Lehrer sagt ● die Vokabeln.
schicken	Herr Meier schickt ● ein Paket.
schließen	Ich schließe ● die Tür.
schreiben	Ich schreibe ● einen Brief.
spielen	Die Kinder spielen ● ein Spiel.
suchen	Ich suche ● den Schlüssel.
treffen	Anna trifft ● ihren Freund.
trinken	Das Kind trinkt ● eine Milch.
überweisen	Ich überweise ● das Geld.
unterschreiben	Wir unterschreiben ● den Vertrag.
verdienen	Er verdient ● viel Geld.
verkaufen	Ich verkaufe ● den Wagen.
vermieten	Wir vermieten ● die Wohnung.
verstehen	Ich verstehe ihn nicht.
wiederholen	Die Schüler wiederholen ● die Übung.
zahlen	Er zahlt ● das Brot.

4 Trennbare Verben

Verb	Beispiel
abfahren	Wir fahren um ein Uhr ab.
abfliegen	Wann fliegst du ab?
abgeben	Ich gebe das Buch heute ab.
abholen	Wir holen dich ab.
anbieten	Ich biete ihr einen Kaffee an.
anfangen	Der Deutschkurs fängt gleich an.
anklicken	Klick bitte mal das Bild an!
ankommen	Wann kommt der Zug in München an?
ankreuzen	Kreuzt bitte die Lösung an!
anmachen	Mach bitte das Licht an!
(sich) anmelden	Sie meldet sich morgen für den Deutschkurs an.
anrufen	Er ruft seine Mutter an.
(sich) anziehen	Sie zieht Jeans und T-Shirt an.
aufhören	Der Kurs hört morgen auf.
aufräumen	Ich räume mein Zimmer auf.
aufstehen	Wir stehen immer um sieben auf.
ausfüllen	Füllen Sie bitte das Formular aus.
ausmachen	Mach bitte das Licht aus!
aussehen	Das sieht gut aus.
aussteigen	Sie steigt am Goetheplatz aus.
(sich) ausziehen	Er zieht die Schuhe aus.
einkaufen	Was kaufst du heute ein?
einladen	Ich lade meine Freunde ein.
einschlafen	Er schläft oft vor dem Fernseher ein.
einsteigen	Er steigt hier ein.
fernsehen	Wir sehen heute Abend mal fern.
kennenlernen	Wir lernen hier viele Leute kennen.
mitbringen	Ich bringe dir einen Kaffee mit.
mitkommen	Kommst du auch mit?
mitmachen	Warum macht ihr nicht mit?
mitnehmen	Nehmen wir meine Schwester ins Theater mit?
umziehen	Nächsten Monat ziehen wir um.

5 Modalverben

Verb	Beispiel
können	Ihr könnt ein Probetraining machen.
müssen	Ihr müsst die Hausaufgaben machen.
wollen	Was willst du werden?
möchten	Sie möchte Ingenieurin werden.
dürfen	Wir dürfen hier nicht rauchen.
sollen	Was soll ich denn tun?

6 Personalpronomen

Personalpronomen Nominativ	Personalpronomen Akkusativ	Personalpronomen Dativ
ich	mich	mir
Ich bin Paul.	Er liebt mich.	Der Garten gehört mir.
du	dich	dir
Du kommst aus Berlin.	Ich liebe dich.	Die Pizza schmeckt dir.
er	ihn	ihm
Er ist mein Freund.	Ich kenne ihn.	Wir helfen ihm.
es	es	ihm
Es ist noch klein.	Ich liebe es.	Die Stadt gefällt ihm.
sie	sie	ihr
Sie ist meine Freundin.	Ich hole sie ab.	Die Blumen gefallen ihr.
wir	uns	uns
Wir wohnen in München.	Ihr kennt uns.	Ihr helft uns.
ihr	euch	euch
Ihr kommt aus Brasilien.	Wir brauchen euch.	Ich hoffe, es schmeckt euch.
Sie	Sie	Ihnen
Sind Sie Frau Schmidt?	Wir kennen Sie.	Ich hoffe, es gefällt Ihnen.
sie	sie	ihnen
Sie heißen Tim und Eva.	Wir mögen sie.	Die Pizza schmeckt ihnen.

7 Possessivartikel

	Possessivartikel Nominativ		Possessivartikel Akkusativ	
ich mein-	Das ist / sind	• mein Vater. • mein Kind. • meine Großmutter. • meine Eltern.	Ich liebe	• meinen Vater. • mein Kind. • meine Großmutter. • meine Eltern.
du dein-	Das ist / sind	• dein Vater. • dein Kind. • deine Großmutter. • deine Eltern.	Du liebst	• deinen Vater. • dein Kind. • deine Großmutter. • deine Eltern.
er (Peter) sein-	Das ist / sind	• sein Vater. • sein Kind. • seine Großmutter. • seine Eltern.	Er liebt	• seinen Vater. • sein Kind. • seine Großmutter. • seine Eltern.
sie (Lisa) ihr-	Das ist / sind	• ihr Vater. • ihr Kind. • ihre Großmutter. • ihre Eltern.	Sie liebt	• ihren Vater. • ihr Kind. • ihre Großmutter. • ihre Eltern.
wir unser-	Das ist / sind	• unser Vater. • unser Kind. • unsere Großmutter. • unsere Eltern.	Wir lieben	• unseren Vater. • unser Kind. • unsere Großmutter. • unsere Eltern.

	Possessivartikel Nominativ		Possessivartikel Akkusativ	
ihr eu(e)r-	Das ist / sind	• euer Vater. • euer Kind. • eure ! Großmutter. • eure ! Eltern.	Ihr liebt	• euren ! Vater. • euer Kind. • eure ! Großmutter. • eure ! Eltern.
sie (Peter + Lisa) ihr-	Das ist / sind	• ihr Vater. • ihr Kind. • ihre Großmutter. • ihre Eltern.	Sie lieben	• ihren Vater. • ihr Kind. • ihre Großmutter. • ihre Eltern.
Sie (Frau Schmidt) Ihr-	Das ist / sind	• Ihr Vater. • Ihr Kind. • Ihre Großmutter. • Ihre Eltern.	Sie liebt	• Ihren Vater. • Ihr Kind. • Ihre Großmutter. • ihre Eltern.

8 Präpositionen mit Dativ

Präposition	Beispiel	
an (an dem = am) Wann? *temporal*	Sie kommt Wir fahren	• am Dienstag. • an den Feiertagen nach Paris.
auf Wo? *lokal*	Das Glas steht Er wohnt Das Auto steht Es sind viele Menschen	• auf dem Tisch. • auf dem Land. • auf der Straße. • auf den Straßen.
aus Woher? *lokal*	Ich komme Sie kommt Wir kommen	• aus Italien. • aus der Schweiz. • aus den USA.
bei (bei dem = beim) Wo? *lokal*	Ich bin Sie ist Er arbeitet Sie essen	• beim Arzt. • beim Training. • bei der Polizei. • bei den Nachbarn.
in (in dem = im) Wann? *temporal*	Was macht ihr Wir schlafen Ich schlafe	• im Sommer? • in der Nacht. • in den Ferien oft lange.
in (in dem = im) Wo? *lokal*	Das Glas steht Er wohnt Sie wohnt Es gibt viel Verkehr	• im Schrank. • in Deutschland. • in der Stadt. • in den Städten.
mit Wie? *modal*	Er fährt Sie kommt Wir fahren Wir fahren gerne	• mit dem Bus. • mit dem Auto. • mit der U-Bahn. • mit den Fahrrädern.
nach Wohin? *lokal*	Wir fahren Sie fliegen	• nach Paris. • nach Deutschland.

Präposition	Beispiel	
nach Wann? *temporal*	Ich esse Er trinkt oft Wasser Wir treffen uns Wir schreiben den Test	• nach dem Deutschkurs. • nach dem Training. • nach der Party. • nach den Ferien.
vor Wann? *temporal*	Ich esse Er trinkt viel Wasser Wir treffen uns Wir schreiben den Test	• vor dem Deutschkurs. • vor dem Training. • vor der Party. • vor den Ferien.
zu (zu dem = zum) (zu der = zur) Wohin? *lokal*	Ich gehe Gehst du Sie geht Wir gehen	• zum Friseur. • zum Training? • zur Schule. • zu den Freunden.

9 Präpositionen mit Akkusativ

Präposition	Beispiel	
in (in das = ins) Wohin? *lokal*	Wir fahren Ich gehe Fährst du Kommt ihr mit	• in den Club. • ins Fitness-Studio. • in die Stadt? • in die Berge?
um Wann? *temporal*	Sie kommt Der Zug fährt	um sieben Uhr. um 15:30 Uhr.

Register

Stichwort	Kapitel
aber	46
Akkusativ	19, 22, 24
Akkusativobjekt	20
alles	26
an (Präposition)	38
an- (Vorsilbe)	7
Artikel	16
auf (Präposition)	35
auf- (Vorsilbe)	7
aus (Präposition)	34
aus- (Vorsilbe)	7
bei	37
das	16, 18, 27
Dativ	21
Dativobjekt	22
definiter Artikel	18, 19, 21, 27
dein-	30
denn	46
der	16, 18, 27
dich	24
die	16, 17, 18
dir	25
du	1
dürfen	14
ein- (Artikelwort)	18, 19
ein- (Vorsilbe)	7
er	1, 23
es	1, 23
etwas	26
euch	24
euer-	32
feminin	16
Genus	16
haben (Präsens)	4
ich	1
ihm	25
ihn	24
Ihnen	25
ihnen	25
ihr	1
ihr-	31
Ihr-	33
Imperativ	6

Stichwort	Kapitel
in	34, 35, 36, 38
indefiniter Artikel	18, 19, 21, 27, 28
Indefinitpronomen	26
Infinitiv	8, 9, 10
Ja- / Nein-Fragen	42
kein-	19, 21, 28
Konnektoren	46
können	11
lokale Präposition	34, 35, 36, 37
man	26
maskulin	16
mehr	26
mein-	19, 21, 30
mich	24
mir	25
mit	40
möchten	13
modale Präposition	40
Modalverben	11, 12, 13, 14, 15, 44
müssen	12
nach	34, 39
Negation mit *nicht*	45
Negativartikel	28
neutral	16
nicht	45
nichts	26
Nomen	17, 18
Nominativ	1, 18
Nullartikel	29
Objekt	19
oder	46
Partizip Perfekt	8, 9, 10
Perfekt	8, 9, 10
Perfekt mit *haben*	8, 9, 44
Perfekt mit *sein*	10, 44
Personalpronomen	1, 23, 24, 25
Plural	16, 17, 22
Possessivartikel	30, 31, 32, 33
Präposition	34, 35, 36, 37, 38, 39, 40
regelmäßige Verben	3, 8
Satzklammer	44
sein-	31
sein	2

Stichwort	Kapitel
sie	1, 23
Sie	1
Singular	17
sollen	15
Subjekt	18
temporale Präposition	38, 39
trennbare Verben	6, 7, 44
um	38
und	46
unregelmäßige Verben	9
uns	24
unser-	32
Verb auf Position 2	43
Verben	2, 3, 4, 5, 6, 7, 20, 21, 22, 43
Verben mit Ergänzungen	20, 22
Verben mit Vokalwechsel	5

Stichwort	Kapitel
Verbkonjugation	2, 3, 4, 5, 6, 7
vor	39
Wann	38, 39, 41
Was	18, 19, 41
Wem	21
Wen	19
Wer	18, 41
W-Fragen	41
Wie	40, 41
wir	1
Wo	34, 35, 37, 41
Woher	34, 41
Wohin	34, 36, 41
wollen	13
zu	37

Quellenverzeichnis

Titel und Rücktitel: © Getty Images/iStock/zhuzhu

S. 6 von links: © Getty Images/iStock/andresr, © Getty Images/DigitalVision/Yuri_Arcurs, © Getty Images/iStock/vadimguzhva
S. 8: © Thinkstock/iStock/Jowita Stachowiak
S. 9 von links: © Getty Images/E+/LeoPatrizi, © Thinkstock/Wavebreak Media, © Getty Images/E+/PeopleImages, © Getty Images/E+/GlobalStock, © Getty Images/E+/gradyreese, © Getty Images/iStock/funduck
S. 10: © Thinkstock/iStockphoto
S. 12: © Getty Images/E+/Piskunov
S. 14: © Getty Images/Vetta/GlobalStock
S. 16 von oben: © Getty Images/iStock/Choreograph, © Getty Images/E+/Dean Mitchell
S. 18 von links: © Getty Images/iStock/gpointstudio, © Getty Images/iStock/GregorBister, © Getty Images/iStock/BernardaSv, © Konstantin Yuganov – stock.adobe.com
S. 20: © fotolia/contrastwerkstatt
S. 22: © refresh(PIX) – stock.adobe.com
S. 24: © magicbeam – stock.adobe.com; Illustrationen: © iStockphoto/cajoer
S. 26 von links: © Getty Images/iStock/SolisImages, © Getty Images/iStock/antos777, © sabine hürdler – stock.adobe.com
S. 28: © Getty Images/DigitalVision/PeopleImages
S. 30 von links: © Getty Images/E+/BraunS, © Getty Images/E+/track5
S. 32: © Thinkstock/iStock/ambassador806
S. 34: © Getty Images/iStock/Squaredpixels
S. 36 von links: © Alamy Stock Photo/United Archives GmbH, © Das Haus, © Eckes-Granini
S. 38: © irisblende.de
S. 40: © Thinkstock/iStock/Jun Zhang
S. 42: Hueber Verlag/Florian Bachmeier, Schliersee
S. 44: © Getty Images/E+/Jacob Wackerhausen
S. 46 von links: © Getty Images/E+/SolStock, © Getty Images/iStock/william87
S. 48 von links: © Getty Images/iStock/petrenkod, © Getty Images/iStock/dolgachov, © Getty Images/E+/wundervisuals
S. 50 von links: © Thinkstock/Zoonar/Zoonar RF, © Thinkstock/iStock/ballero, © Thinkstock/iStock/homydesign
S. 51 von oben: © Thinkstock/iStock/tiler84, © Getty Images/iStock/Bulgac
S. 52 oben von links: © Thinkstock/Stockbyte/George Doyle, © Getty Images/E+/shapecharge, © Getty Images/E+/Dean Mitchell; Illustrationen: © Shutterstock/dipego

S. 53: © Mat Hayward – stock.adobe.com
S. 54: © iStockphoto/pearleye
S. 56 von links: © Getty Images/iStock/andresr, © Getty Images/iStock/padnpen
S. 58 von links: © alephnull – stock.adobe.com, © Thinkstock/iStockphoto, © Getty Images/iStock/michaeljung
S. 60: © Getty Images/iStock/Ilyabolotov
S. 61 von 1–6: © fotolia/Stockcity, © iStockphoto/gbrundin, © fotolia/Dimitrius, © Getty Images Plus/iStock Unreleased/AM-C, © iStockphoto/rKIRKimagery, © Thinkstock/iStock/ciud; unten: © Getty Images/Stone/Erik Dreyer
S. 62: © Getty Images/iStock/baibaz
S. 64: © Getty Images/E+/EmirMemedovski
S. 66 von links: © Getty Images/iStock/dusanpetkovic, © Getty Images/E+/andresr
S. 68: © Getty Images/E+/ultramarinfoto
S. 69 von links: © Getty Images/E+/nullplus, © iStock/ewg3D, © Getty Images/iStock/piovesempre
S. 70: © Shutterstock/dipego
S. 71 von A bis D: © Getty Images/iStock/SolisImages, © Getty Images/iStock/MattoMatteo, © Getty Images/iStock/william87, © Hasloo Group – stock.adobe.com
S. 72 von links: © Alamy Stock Photo/MARCO CATTANEO, © Getty Images/iStock/william87, © Production Perig – stock.adobe.com
S. 74 oben von links: © Getty Images/Stockbyte/altrendo images, © Thinkstock/Goodshoot; Illustrationen: © Shutterstock.com/aekikuis
S. 76 von A bis D: © iStockphoto/Dmitriy Shironosov, © Thinkstock/Wavebreak Media/Wavebreakmedia Ltd, © Getty Images/iStock/ViewApart, © Thinkstock/iStock/monkeybusinessimages; Illustration: © Shutterstock.com/aekikuis
S. 78: © andreaobzerova – stock.adobe.com
S. 80 von links: © Getty Images/iStock/ysbrandcosijn, © fotolia/Yuri Arcurs
S. 82 von links: © picture alliance/Sven Simon, © picture alliance/augenklick
S. 84: © Getty Images/Vetta/TommL
S. 85 Illustrationen unten: © Thinkstock/iStock/ayax
S. 86 von links: © action press/imagebroker.com, © Thinkstock/Getty Images Entertainment
S. 88: © Thinkstock/iStock/g-stockstudio
S. 90 oben von links: © fotolia/lightpoet, © Getty Images/iStock/ventdusud, © Getty Images/iStock/TomasSereda, © Getty Images/iStock/anshar73; unten: © Rido – stock.adobe.com
S. 92: © Getty Images/E+/FatCamera
S. 94: © Getty Images/iStock/AndreyPopov

Illustrationen: Maike Hettinger, Stuttgart
Bildredaktion: Cornelia Hellenschmidt und Valeria Vairo, Hueber Verlag, München

Deutsch üben – leicht gemacht!

Die Reihe *Deutsch üben – A1* unterstützt Sie bei Ihren ersten Schritten in der deutschen Sprache und ist ein nützlicher Begleiter zur Prüfung „Start Deutsch A1". Viele abwechslungsreiche Übungen mit einfachen Erklärungen sorgen dafür, dass auch Lernungewohnte selbstständig trainieren können.

Die Übungsbücher helfen, Ihre mündliche und schriftliche Ausdrucksfähigkeit zu verbessern und so die Kommunikationsfertigkeit auszubauen.

**Deutsch üben
Lesen & Schreiben A1**
96 Seiten
ISBN 978-3-19-467493-6

**Deutsch üben
Wortschatz & Grammatik A1**
116 Seiten
ISBN 978-3-19-397493-8

www.hueber.de/deutsch-lernen

Hueber — Freude an Sprachen